叶圣陶 作品精选

名家作品精选

叶圣陶 著

长江出版传媒 | 长江文艺出版社

图书在版编目（ＣＩＰ）数据

叶圣陶作品精选 / 叶圣陶著. -- 武汉 ：长江文艺
出版社， 2019.11
　（名家作品精选）
　ISBN 978-7-5702-1062-6

　Ⅰ. ①叶… Ⅱ. ①叶… Ⅲ. ①中国文学－当代文学－
作品综合集 Ⅳ. ①I217.2

中国版本图书馆 CIP 数据核字(2019)第 188616 号

责任编辑：胡　璇　　王成晨　　　　　　责任校对：毛　娟
封面设计：沐希设计　　　　　　　　　　责任印制：邱　莉　　王光兴

出版：长江出版传媒 ｜ 长江文艺出版社
地址：武汉市雄楚大街 268 号　　　　　邮编：430070
发行：长江文艺出版社
http://www.cjlap.com
印刷：中印南方印刷有限公司

开本：640 毫米×970 毫米　　　1/16　　印张：15.25　插页：1 页
版次：2019 年 11 月第 1 版　　　　　　2019 年 11 月第 1 次印刷
字数：166 千字

定价：30.00 元

目　录

小　说

散　文

童　话

叶 圣 陶

作 品 精 选

小

说

小　说

这也是一个人

　　伊生在农家，没有享过"呼婢唤女""傅粉施朱"的福气，也没有受过"三从四德""自由平等"的教训，简直是很简单的一个动物。伊自出母胎，生长到会说话会行动的时候，就帮着父母拾些稻菜，挑些野菜。到了十五岁，伊父母便把伊嫁了。因为伊早晚总是别人家的人，多留一年，便多破费一年的穿吃零用，倒不如早早把伊嫁了，免得白搁了自己的心思财力，替人家长财产。伊夫家呢，本来田务忙碌，要雇人帮助，如今把伊娶了，即不能省一个帮佣，也抵得半条耕牛。伊嫁了不上一年，就生了个孩子，伊也莫名其妙，只觉得自己睡在母亲怀里还是昨天的事，如今自己是抱孩儿的人了。伊的孩子没有摇篮睡，没有柔软的衣服穿，没有清气阳光充足的地方住，连睡在伊的怀里也只有晚上睡觉的时候才得享受，白天只睡在黑蝛蝛的屋角里。不到半岁，他就死了。伊哭得不可开交，只觉以前从没这么伤心过。伊婆婆说伊不会领小孩，好好一个孙儿被伊糟蹋死了，实在可恨。伊公公说伊命硬，招不牢子息，怎不绝了他一门的嗣。伊丈夫却没别的话说，只说要是在赌场里百战百胜，便死十个儿子也不关他事。伊听了也不去想这些话是什么意思，只是朝晚地哭。

　　有一天伊发现了新奇的事了：开开板箱，那嫁时的几件青布大袄不知哪里去了。后来伊丈夫喝醉了，自己说是他当掉的。冬天来

得很快，几阵西风吹得人彻骨地冷。伊大着胆央求丈夫把青布袄赎回来，却吃了两个巴掌。原来伊吃丈夫的巴掌早经习以为常，惟一的了局便是哭。这一天伊又哭了。伊婆婆喊道，"再哭？一家人家给你哭完了！"伊听了更不住地哭。婆婆动了怒，拉起捣衣的杵在伊背上抽了几下。伊丈夫还加上两巴掌。

这一番伊吃得苦太重了。想到明天，后天，……将来，不由得害怕起来。第二天朝晨，天还没亮透，伊轻轻地走了出来，私幸伊丈夫还没醒。西风像刀，吹到脸上很痛，但是伊觉得比吃丈夫的巴掌痛得轻些，就也满足了。一口气跑了十几里路，到了一条河边，才停了脚步。这条河里是有航船经过的。

等了好久，航船经过了，伊就上了船，那些乘客好似个个会催眠术的，一见了伊，便知道是在家里受了气，私自逃走的。他们对伊说道，"总是你自己没长进，才使家里人和你生气。即使他们委屈了你，你是年幼小娘，总该忍耐一二。这么使性子，碰不起，苦还有得吃！况且如今逃了出去，靠傍谁呢？不如乘原船回去罢。"伊听了不答应，只低着头不响。众客便有些不耐烦。一个道，"不知伊想的什么心思，论不定还约下了汉子同走！"众人便哗笑起来。伊也不去管他们。

伊进了城，寻到一家荐头。荐头把伊荐到一家人家当佣妇。伊的新生活从此开始了：虽也是一天到晚地操作，却没下田耕作那么费力，又没人说伊，骂伊，打伊，便觉得眼前的境地非常舒服，永远不愿更换了。伊惟一的不快，就是夜半梦醒时思念伊已死的孩子。

一天，伊到市上买东西，遇见一个人，心里就老大不自在，这个人是村里的邻居。不到三天，就发生影响了：伊公公已寻了来。开口便嚷道，"你会逃，如今寻到了，可再能逃？你若是乖觉的，快跟我回去！"伊听了不敢开口，奔到里面，伏在主妇的背后，只是发呆。主妇使唤伊公公进来对他说，"你媳妇为我家帮佣，此刻约期还没满，怎能去？"伊公公无可辩论，只得狠狠地叮嘱伊道，"期满了赶紧回家！倘若再逃，我家也不要你了，你逃到哪里，就在哪里卖掉你，或是打折你的腿！"

伊觉得这舒服的境地，转眼就会成空虚，非常舍不得。想到将来……更害怕起来。这几天里眼睛就肿了，饭就吃不下了，事也就做不动了。主人知道伊的情况，心想如今的法律，请求离婚，并不繁难，便问伊道，"可情愿和夫家断绝？"伊答道，"哪有不愿？"主人便代伊草了个呈子，把种种以往的事实，和如今的心愿，都叙述明白，预备呈请县长替伊作主。主妇却说道，"替伊请求离婚，固然很好，但伊不一定永久做我家帮佣的。一旦伊离开了我家，又没别人家雇伊，那时候伊便怎样？论情呢，母家原该收留伊，但是伊的母家可能办到？"主人听了主妇的话，把一腔侠情冷了下来，只说一声"无可奈何！"

隔几天，伊父亲来了，是伊公公叫他来的。主妇问他，"可有救你女儿的法子？"他答道，"既做人家的媳妇，要打要骂，概由人家，我怎能作得主？我如今单是传伊公公的话，叫伊回去罢了。"但是伊仗着主妇的回护，没有跟伊父亲同走。

后来伊家公婆托邻居进城的带个口信，说伊丈夫正害病。要伊回去服侍。伊心里只是怕回去，主妇就替伊回绝了。

过了四天，伊父亲又来了。对伊说，"你的丈夫害病死了，再不回去，我可担当不起。你须得跟我走！"主妇也说，"这一番你只得回去了。否则你家的人就会打到这里来。"伊见眼前的人没一个不叫伊回去，心想这一番必然应该回去了。但总是害怕，总是不愿意。

伊到了家里，见丈夫直僵僵地躺在床上，心里很有些儿悲伤。但也想，他是骂伊打伊的。伊公婆也不叫伊哭，也不叫伊服孝，却

领伊到一家人家，受了二十千钱，把伊卖了。伊的父亲，公公，婆婆，都以为这个办法是应当的，他们心里原有个成例：田不种了，便卖耕牛。伊是一条牛——一样地不该有自己的主见——如今用不着了，便该卖掉。把伊的身价充伊丈夫的殓费，便是伊最后的义务。

1919 年 2 月 14 日写毕

一个朋友

　　我有一位朋友，他的儿子今天结婚。我去扰了他的喜酒，喝的醉了。不，我没有喝的醉！

　　他家里的酒真好，是陈了三十年的花雕，呷在嘴里滋味浓厚而微涩，——这个要内行家才能扼要地辨别出来——委实是好酒。

　　他们玩的把戏真有趣，真有趣！那一对小新人面对面站着，在一阵沸天震地的拍手声里，他们俩鞠上三个大躬。他们俩都有迷惘的，惊恐的，瞪视的眼光，好像已被猫儿威吓住的老鼠。……不像，像屠夫刀下的牺牛。我想：你们怕和陌生的人面对面站着么？何不啼着，哭着，娇央着，婉求着你们的爹爹妈妈，给你们换个熟识的知心的人站在对面呢？

　　我想的晚了，他们俩的躬已鞠过了，我又何必去想它。

　　那些宾客议论真多。做了乌鸦，总要呀呀地叫，不然，就不成其为乌鸦了。他们有几个人称赞我那位朋友有福分，今天已经喝他令郎的喜酒了。有几个满口地说些"珠璧交辉""鸾凤和鸣"的成语。还有几个被挤在一群宾客的背后，从人丛的缝里端相那一对小新人，似羡似叹地说，"这是稀有的事！"

　　我没有开口。

　　那几个说我那位朋友有福分的，他们的话若是有理，今天的新人何不先结了婚再喝奶汁？那几个熟读《成语辞典》的，只是搬弄矿物动物的名词，不知他们究竟比拟些什么。

"这是稀有的事！"这句话却有些意思。

然而也不见得是稀有。"稀有"两字不妥。哈！哈！我错认在这里批改学生的文稿了。

我那位朋友结婚的时候，我也去扰他的喜酒，也喝的烂醉，今天一样的醉。这是十四年前的事——或者是十三年？记不清楚了。当时行礼的景象，宾客的谈话，却还印在我的脑子里，一切和今天差不多，今天竟把当年的故事重新搬演一回。我去道贺作宾客，也算是个配角呢。

我记得那位朋友结婚之后，我曾问他：

"可有什么新的感觉？"

他的答语很有趣：

"我吃，喝，玩耍，都依旧；快意的地方依旧，不如意的地方也依旧，只有卧榻上多了一个人，是我新鲜的境遇。"

我又问他：

"你那新夫人的性情和思想如何？"

他的答语更有趣：

"我不是伊，怎能知道那些呢？"

他自然不知道。他除了惟一的感觉"新鲜的境遇"而外，哪里还知道别的。我真傻了，将那些去问他。当时我便转了词锋道：

"伊快乐么？"

"伊快乐呀。伊理妆的时候，微微地，浅浅地对着镜里的伊笑。伊见我进内室，故意将脸儿转向别的地方，两颗乌黑的，灵活的，动人的眼睛却暗地偷觑着我；那时伊颧颊间总含着无限的庆幸，满足，恋爱的意思。伊和女伴商量装饰，议论风生，足以使大家心折。伊又喜欢'叉麻雀'，下半天和上半夜的工夫都消磨在这一件事上。

你道伊还有不快乐的一秒么？"

后来他们夫妻俩有了小孩子了，便是今天的新郎。他们俩欢喜非常，但是说不出为什么欢喜。——我又傻了，觉得欢喜，欢喜就是了，要说出什么来？这个欢喜，还普及到他们俩的族人和戚友，因为这事也满足了彼等对于他们俩的期望。然而他们俩先前并没有什么预计。论到这事，谁有预计？哪一家列过预算表？原来我喝的醉了！

他们俩生了儿子，生活上丝毫没变更。他吃，喝，玩耍，依然如故。伊对着镜里的伊笑，偷觑着他得意，谈论装饰，"叉麻雀"，也依然如故。

小孩子吃的，是一个卖了儿子，夺了儿子的权利换饭吃的妇人的奶汁。他醒的时候，睡眠的时候，都在伊的怀抱里。不到几个月，他小小的面庞儿会笑了，小手似乎会招人了。

他们俩看了，觉得他很好玩，是以前不曾有过的新鲜玩意儿。一个便从乳母手中抱过来和他接个吻，一个不住地摩抚他的小面庞。他觉得小身体没有平常抱的那样舒服，不由得哭了起来。他们俩没趣，更没法止住他的哭，便叫乳母快快抱去。

"我们不要看他的哭脸！"

那小孩子到了七八岁，他们俩便送他进个学校。他学些什么，他们俩总不问。受教育原是孩子的事，哪用父母过问呢！

今天的新郎还兼个高等小学肄业生的头衔！他的同学有许多也来道喜。他们活动的天性没有一处地方一刻功夫不流露，刚才竟把礼堂当作球场踢起球来，然而对于那做新郎的同学，总现出凝视猜想的神情，好像他满身都被着神秘似的。

我想今天最乐意的要算我那位朋友了。他非但说话，便咳一声嗽也柔和到十二分；弯着腰，执着壶，给宾客斟酒，几乎要把酒杯

敬到嘴边来。他听了人家的祝贺语，眉花眼笑地答谢道：

"我有什么福分？不过干了今天这一桩事，我对小儿总算尽了责任了。将来把这份微薄的家产交付给他，教他好好地守着，我便无愧祖先。"

我忽然想起，假如我那位朋友死了，我给他撰《家传》，应当怎样地叙述？有了，简简括括只要一句话："他无意中生了个儿子，还把儿子按在自己的模型里。"呀！诔墓之文哪有这种体例！原来我喝的醉了……

1920 年 12 月 14 日写毕

隔　　膜

　　我的耳际只有风声，水声，仅仅张得几页帆呢。从舱侧玻璃窗中外望，只见枯黄而将有绿意的岸滩，滩上种着豆和麦的田畦，远处的村屋、竹园、丛林，一棵两棵枯死的树干，更远处刻刻变幻的白云和深蓝的天，都相随着向我的后面奔去。好顺风呀！使我感到一种强烈的快慰。但是为了什么呢？我自己也不能述说。我将要到的地方是我所切盼的么？不是。那里有什么事情我将要去做么？有什么人我必欲会见么？没有。那么为什么快慰呢？我哪里能够解答。虽然，这很大的顺风总该受我的感谢。

　　照这样大的风，一点钟时候我的船可以进城了。我一登岸，就将遇见许多亲戚朋友；我的脑子将想出许多不同的意思，预备应对；我的口将开始工作，尽他传达意思的职务。现在耳目所接触——风声水声和两岸景物——何等地寂静，闲适；但这个不过是给我个休息罢了，繁扰纷纭就跟在背后。正像看影戏的时候，忽然放出几个大字，"休息十分钟"，于是看客或闭目养神，或吸烟默想，略舒那注意于幻景的劳倦。然而一霎时灯光齐灭，白布上人物重又出现，你就不得不用你的心思目力去应付它了。

　　我想我遇见了许多亲戚朋友将听见些什么话？我因为有以往的经验，就可以推测将来的遭逢而为预言。以下的话一定会听见，会重复地听见："今天来顺风么？你那条路程遇顺风也还便利，逆风可

就累事了，六点钟还不够吧？……有几天耽搁？想来这时候没事，可以多盘桓几天，我们难得叙首呢。……府上都安好？令郎会走了？话都会说了？一定聪慧可喜呢。……"我懒得再想下去，便是想到登岸的时候也想不完。我一登岸，惟一的事务就是答复这些问题。我便要说以下的话："今天刚遇顺风。我那条路程最怕是遇着逆风，六点钟还不够呢。……我大约有一星期耽搁，我们可以畅叙呢。……舍下都安好。小儿会走了，话说得很完全，总算是个聪慧的孩子……"

我忽然起一个奇异的思想：他们的问题既是差不多的，我对于他们的答语也几乎是同一的，何不彼此将要说的话收在蓄音片上，彼此递寄，省得屡次复述呢？这固然是一劳永逸的办法，但是问题的次序若有颠倒，答语的片子就不容易制了。其实印好许多同样的书信，也就有蓄音片的功用——所欠缺的也只在不能预决问话的次序。然则彼此会面真有意义，大家运用着脑子，按照着次序一问一答，没有答非所问的弊病，就算情意格外浓厚。但是脑子太省力了。我刚才说"我的脑子将想出许多不同的意思"，其实那些意思以前就想好，不用再想了，而且一辈子可以应用；脑子的任务，只在待他人问我某一句话时，命令我的口传达某一个现成的意思出去就是了。我若取笑自己，我就是较进步的一张蓄音片，或是一封印刷的书信。我做这等器物已是屡次不一次了。

果然，不出我所料，我登岸不满五点钟，已听了五回蓄音片，我的答片也开了五回。

现在我坐在一家亲戚的书斋里，悬空的煤油灯照得全室雪亮，连墙角挂着的那幅山水上的密行题识都看得清楚。那位主人和我对面坐着，我却不敢正视他，——恐怕他也是这样——只是相着那副小篆的对联作无意识的赏鉴；因为彼此的片子都开完了，没有了，倘若目光互对而没有话讲，就有一种说不出的不好意思，很是难受，不相正视是希望躲避幸免的意思。然而眼珠真不容易驾驭，偶不留意就射到他的脸上，看见乌黑的胡须，高起的颧颊，和很大的眼珠。不好了，赶紧回到对联上，无聊地想那"两汉"两字结构最好，作者的印泥鲜明净细，倒是上品呢。

我如漂流在无人的孤岛，我如坠入于寂寞的永劫，那种孤凄彷徨的感觉，超于痛苦以上，透入我的每一个细胞，使我神思昏乱，对于一切都疏远，淡漠。我的躯体渐渐地拘挛起来，似乎受了束缚。然而灯光是雪亮，果盘里梨和橘子放出引人食欲的香气，茶杯里有上升的水汽，我和他对面坐在一个极漂亮的书斋里，这分明是很优厚的款待呀！

他灵机忽动，想起了谈资了，他右手的大拇指和食指拈着胡须说道，"你们学校里的毕业生有几成是升学的?"他发这个端使我安慰和感激，不至再默默地相对了，而且这是个新鲜而有可发挥的问题。我便策励自己，若能努力和他酬对，未始不可得些趣味。于是答道，"我那地方究竟是个乡村，小学毕了业的就要挑个职业做终身的依托，升入中学的不到十分之二呢。"完了，应答的话尽于此了。我便大失所望，当初不料这个问题仅有一问一答。

他似乎凝想的样子，但从他恍若初醒的神情答个"是"字来推测，可知他的神思并不属于所发的问题。"是"字的音波扩散以后，室内依然是寂寞，那种超于痛苦的感觉又向我压迫，尽管紧拢来。我竭力想和他抵抗，最好灵机一动，也找出些谈资来。然而我和醉人一般，散乱而麻木的脑子里哪里能够想出一句话呢? 那句话我虽然还没想出，但必然是字典上所有的几个字，喉咙里能发的几个音拼缀而成的，这是可以预言的。这原是很平常，很习惯，算不得什么的事，每一小时里不知要拼缀几千百回，然而在此地此时，竟艰

13

难到极点，好奇怪呀！

我还得奖赞自己，那艰难到极点的事我竟做成功了，我从虚空的波浪似的脑海里捉住了一句具体的话。我的两眼正对着他的面庞，表示我的诚意，问道，"两位令郎都进了工业学校，那里的功课还不错么？"这句话其实是从刚才的一问一答联想起来的，但平时是思此便及彼，现在却是既断而复续了。

"那里的功课大概还不错。我所以送儿子们进那个学校，因为毕了业一定有事务派任，觉得比别处稳妥些。但是我现在担任他们的费用是万分竭力的了。买西文书籍一年要花六七十元，应用的仪器不可不买，一枝什么尺便需二十元，放假时来回的川资又需百元，……需……元，……需……元……"我的注意力终于松散，对于他的报销账也就渐渐地模糊了。

这是我问他的，很诚意地问他的，然而听他的答语便觉得淡漠无味，终至于充耳不闻。莫怪我刚才答他时，他表现出恍若初醒的神情答我个"是"字。

我现在又在一位朋友家里的餐室里了。连我一共是七个客，都在那里无意识地乱转。圆桌子上铺着白布，深蓝色边的盆子里盛着色泽不同的各种食品，银酒杯和银碟子在灯光底下发出僵冷的明亮。仆人执着酒壶，跟在主人背后。主人走到一个位子前，拿起酒杯，待仆人斟满了酒，很恭敬的样子，双手举杯过额，向一客道，"某某兄，"就将杯子放在桌上。那位"某某兄"遥对着主人一揖。主人拿起桌上摆着的筷子，双手举过了额，重又放在原处。"某某兄"又是一揖。末了主人将椅子略动一动，便和"某某兄"深深地对揖。这才算完了一幕。

轮到第七幕，我登场了。我曾看过傀儡戏，一个活人扯动傀儡身上的线，那傀儡就会拂袖，捋须，抬头，顿足，做种种动作。现在我化为傀儡了，无形的线牵着我，不由我不俯首，作揖，再作揖，三作揖。主人说，"你我至熟，不客气，请坐在这里。"然则第一幕登场的那位"某某兄"是他最不相熟的朋友了。

众人齐入了座。主人举起酒杯，表现出无限恭敬和欢迎的笑容向客人道，"春夜大家没事，喝杯酒叙叙，那是很有趣的。"客人都擎起酒杯，先道了谢，然后对于主人的话一致表示同情。我自然不能独居例外。

才开始喝第一口酒。大家的嘴唇都作收敛的样子，且发出喋喋的声音，可知喝下的量不多。举筷取食物也有一定的步骤，送到嘴里咀嚼时异常轻缓。这是上流人文雅安闲的态度呀。

谈话开端了，枝枝节节蔓延开来，我在旁边静听，只不开口，竟不能回溯怎样地推衍出那些话来的。越听下去，我越觉得模糊，几乎不辨他们所谈的话含的什么意思，只能辨知高低宏细的种种声浪里，充满着颂扬，谦抑，羡慕，鄙夷……总之，一切和我生疏，我真佩服他们，他们不尽是素稔的——从彼此互问姓字可以知道，——偶然会合在一起，就有这许多话好讲。教我哪里能够？但我得到一种幽默的启示，觉察他们都是预先制好的蓄音片，所以到处可开，没有阻滞。倘若我也预制些片子，此刻一样可以应用得当行出色，那时候我就要佩服自己了。

我想他们各有各的心，为什么深深地掩藏着，专用蓄音片说话？这个不可解。

他们的话只是不断，那些高低宏细的声浪又不是乐音，哪里能耐久听。我觉得无聊了，我虽然在众人聚居的餐室里，我只是孤独。我就想起日间江中的风声，水声，多么爽快。倘若此刻逃出这餐室，回到我的舟中，再听那爽快的音调，这样的孤独我却很愿意。但是

怎么能逃，岂不辜负了主人的情意？而且入席还不到一刻钟呢，计算起来，再隔两点钟或者有散席的希望。照他们这样迟迟地举杯举箸，只顾开他们的蓄音片，怕还要延长哩。我没有别的盼望，只盼时间开快步，赶快过了这两点钟。

那主人最是烦劳了：他要轮流和客人谈话，不欲冷落了一个人，脸儿笑着向这个，口里发出沉着恭敬的语音问那个，接着又表示深挚的同情于第三个的话。——"是"字的声音差不多每秒内可以听见，似乎一室的人互相了解，融为一体了。——他又要指挥仆人为客人斟酒，又要监视上菜的仆人，使他当心，不要玷污了客人的衣服，又要称述某菜滋味还不恶，引起客人的食欲。我觉察他在这八面兼顾的忙迫中，微微地露出一种恍惚不安的神情。更看别人，奇怪，和主人一样，他们满脸的笑容里都隐藏着恍忽不安的分子。他们为了什么呢？难道我合了"戴蓝眼镜的看出来一切都作蓝色"这句话么？席间惟有我不开口，主人也忘了我了。一会儿他忽然忆起，很抱歉地向我道，"兄是能饮的，何不多干几杯？"我也将酒食之事忘了，承他提醒，便干了一杯。

第二天早上，我坐在一家茶馆里。这里的茶客，我大都认识的。我和他们招呼，他们也若有意若无意地和我招呼。人吐出的气和烟袋里人口里散出的烟弥漫一室，望去一切模糊，仿佛是个浓雾的海面。多我一个人投入这个海里，本来是极微细的事，什么都不会变更。

那些茶客的状态动作各各不同。有几个执着烟袋，只顾吸烟，每一管总要深深地咽入胃底。有几个手支着头，只是凝想。有一个人，尖瘦的颧颊，狡猾的眼睛，踱来踱去找人讲他昨夜的赌博。他走到一桌旁边，那桌的人就现出似乎谛听的样子，间或插一两句话。

待他转脸向别桌时，那人就回复他先前的模样，别桌的人代替着他现出似乎谛听的样子，间或插一两句话了。

一种宏大而粗俗的语声起在茶室的那一角，"他现在卸了公务，逍遥自在，要玩耍几时才回乡呢。"坐在那一角的许多人哄然大笑。说的人更为得意，续说道，"他的公馆在仁济丙舍，前天许多人乘了车马去拜会他呢。"混杂的笑声更大了，玻璃窗都受到震动。我才知那人说的是刚死的警察厅长。

我欲探求他们每天聚集在这里的缘故，竟不可得。他们欲会见某某么？不是，因为我没见两个人在那里倾心地谈话。他们欲讨论某个问题么？不是，因为我听他们的谈话，不必辨个是非，不要什么解答，无结果就是他们的结果。讪笑，诽谤，滑稽，疏远，是这里的空气的性质。

这里也有热情的希望的笑容透露在一个人脸上，当他问又一个人道，"你成了局么？"

"成了。"这是个随意的很不关心的答复。问的人顿时收敛了笑容，四周环顾，现出和那人似乎并不相识的样子。

有几个人吐畅了痰，吸足了烟，喝饱了茶，坐得懒了，便站起来拂去袖子上的烟灰，悄悄地自去了，也没什么留恋的意思。

我只是不明白……

1921 年 2 月 27 日写毕

火　灾

　　女孩诞生到今足有七个月了。她已能极清楚地发出"妈"这个声音,当她感到什么不满足的时候。她又能独自坐着,不用扶护或依倚。她能笑得很热烈,能用小手抓眼前的东西,能注视活动或有色彩的品物。

　　可是她最难感到被抱的舒适。或是她的母亲,她的祖母,或是我,有时抱到手里,她便轻轻舞动四肢,间歇而低微地啼着。我们自以为十分当心了,因她啼哭更换个抱法,但不能够便收效验。我们都以抱她为最难的功课。

　　关于抱她的故事,不能不想起我友言信君。他到我的乡间的第二次,先一日从上海寄信来,预告那切盼的再见快达到了。我同他第一次来时一样,第二天傍晚便赶到船埠去等候。呜呜的汽笛声听见了,小汽船的烟囱望见了,我的心里只觉又热又乱。汽船后面拖着一艘"常熟快",船头上挤挤地站着十几个人。有一个穿白衣裤的,举起了白帽子只是招。虽然还认不大清楚这人的面目,我不禁也举起胳臂只是招手。

　　船泊了岸,言信君最先离船,紧紧握着我的手。我觉得他的手很冷。他上下唇的胡子长到三四分,脸色干枯而黝黑,大有苍老之气。他的裤子沾了好些的泥,皱纹也不少。

　　到了家里,我的妻去预备茶水,就将女孩给我抱着。言信君深沉的目光注视着她，粗大的手抚摩她柔发稀疏的头顶，道，"这就是我们的小姑娘，我们的宝贝！"他认识他想望中的小女孩了。

女孩在我的抱持中不大安定，身体时时翻动，似欲挣脱而去的样子；又发出一两声急促的啼声。言信便把她接了去，圈转左臂，使她周身帖服地躺在上面，上膊恰枕着她的头；右手轻轻地拍她肩膀。他柔蜜地说，"我们抱持她，要使她全身都感到甜美。尤其要将整个的心倾注于她，使她的小心灵十分安慰，仿佛包在一个快乐的网里。我们对她的心如其少倾注一分，她立刻能够觉察。于是她因求慰而啼哭了。"

我起一种奇异的想念；言信君这么说话，这么侧着头将自己的面孔紧贴女孩的面孔，都含着女性的美。假若单看他这样一个人，很难信他会有那样的举措。

女孩果真很安静了。言信君目光低垂，注定她微倦的双眼。他只是不语，在室中踱着，发出寂寞的足音。

女孩在楼上跟母亲睡了。醒来索乳，不免有些呜呜的声音。言信君端相着灯火，侧首枕在桌上，说，"我们的小姑娘睡醒了。"

我说，"你也睡罢，行路劳顿，须得早点休息。"

"这算什么劳顿！我现存不想休息。"他说着，竖起头来，两手按住散乱的头发。停了一会，他又说，"我现在很兴奋，你不知道我的生活全在这兴奋之中。不仅是我，我们那里的人差不多全是这样。因为要求兴奋，所以欢迎激刺。譬如将饮食来比，我们不想吃饭吃面喝甜汤，却欢迎辣椒，臭蒜，烧酒和鸦片。陈旧了的，力量渐渐薄弱，难以引起强度的兴奋，故而我们更愿意不绝地感受新的激刺。你要了解我们，须首先明白这一点。"

"哦！"我细细玩味他说的，觉得出乎意料。随着又说，"你们

那里的人全是这样么？"

"怎么不是！我们那里是土匪的产地。人家以为土匪的惟一的欲望是钱财，是粮食。谁知那些只能居于副贰的地位，主要的还在猎取一种剧烈的激刺。他们揹着枪在路上走，看见农人在田里种麦，忽然高兴，便一枪把农人打死。他们走过一个寨集，忽然高兴，便放起火来。他们不一定要劫财物，夺衣服，这么做了，扬长自去；因为他们已满足了受激刺的欲望了。"

我听了只觉诧异，这似乎神话里的事实，竟会发现在言信的家乡！这种情景不可设想，杳渺而浮散，凝结不成一个想象；正如许多未曾经历的事团结不成一个梦。

"农民呢，也觉得种田的事太平淡了，当着锄头便有点懒倦。他们很高兴守寨；因为每逢到守寨，总是与土匪对敌，于是他们可以放枪了，即如我的弟弟，此刻定在家里擦枪管呢。"

"你回去之后怎样？"

"我也欢喜放枪；不为别的，只为放枪能引起强度的兴奋。我告诉你，生活在兴奋之中的人实在与疯子无异。前年我住在省城里，就得了这个绰号。在我的家乡里，共认为疯子的与老人孺子一样地众多。我的姑母就是个疯子。还有我的一个同学，他眼看父母弟妻被土匪杀了，自己肩上受了三刀却没有死；从医院里医好了刀创出来，早已成为一个疯子。就是我，省城里人赠以疯子的绰号，也非常确当。我可以作一个譬喻：一个人受了猛烈的火烙，在身体上留下个可怕的疤痕；以后只消抚摩到或者看到这个疤痕，当时一切被烙的惨状就完全涌现于心目中了。这怎能叫人不要成为疯子！怎能叫人不要只求在兴奋之中生活！"

"何以转变到这样呢？"我听得有点儿呆了，心里这么想，嘴里便说了出来。

"这真如一场大火灾，人的心就是引火的材料！起火之期远在不知多少年前，现在蔓延得周遍了，什么穷乡僻壤的男女老幼的心里都燃烧起来了！"言信君的右臂平举，手掌徐徐移过，表示周遍的意思。他的眼睛放出可怕的光；语音凄悄，含有神秘的意味。我仿佛坐在一位古怪的预言家的面前，当此夜深人静，颇有点凛然的感觉。

我忽想这意思，便说，"这样的大火灾，很值得教人家知道。外间知道的很少呢，——就是我，怎知道你那里有这么猛烈的人心的大火灾。你把它写出来吧，便是一烟一焰，都有相当的价值。"

言信君合掌，手指交互，双目下视，似乎祈祷的样子，说，"火灾，火灾，是我回去之后惟一的工作了！外间人不管，我总逐篇寄给你看。"他因我几句话的新激刺，引起了强度的兴奋了。

言信君住了两天，他要走了，他渴望他的母亲以及家乡的一切。这早晨下着急雨，我们留他待雨止了再走。他说，"雨的河上也新鲜，不如走吧。我们再见很容易，说不定下半年就来。现在我们分别吧。"他辞了我的一家人，悄然便走，一手插在裤袋里，一手拿着白帽子。我没有什么可说，跟在背后送他。

这一天没有开出小汽船，他只能乘航船走。我们到航船埠，衣裳给雨沾湿了，——很奇怪我和我的一家人都不曾想起带雨伞这回事。他催我马上回去，一壁钻入那低矮而黑暗的舱里。我从篷侧方孔中望进去，约略看见白衣服的背形在那里移动，知他正在选定座位。舟子的篙举起了，在岸旁一点，船便离了岸。我向那一方白衣服的背形说，"再会！"可是被雨声盖住了，一点儿没有影响，摇不到二三十橹，那船已穿过桥洞，又转弯去了，桥洞外一片迷濛，再不见别的，我于是冒着雨踱回去。

六七天后，他的信来了，是从开封发的；因为民匪相持，道路

阻梗，他只能淹留在开封。信里说："我毕竟不能回家。我不明白自己的心象，天天在麻醉之中。"又说："道路传言，家乡附近的县城被烧后，在一条街中拖出尸二千余条。'票子'拉走二千余，少数得归，大半死却。"

言信君的预言现在应验了，由人心的火灾引来了一场真实的大火。像我生长在江南的人，听到这等消息只有惊怕。望着来信，似乎正在那里喷烟吐焰，也不大敢重行细看。

以后他继续来信。在途中当然不能有桌子，有砚台，只用铅笔模糊地写着。我仔细辨认才能读下，有几个字终于端详不出。因此，知道他与两个人结伴同行。他们全不晓得前途的情形，田间没有一个农夫，寨都闭着门，不能进去，有时看见大队马步在远处冲过，便是土匪。忽然背后的寨里放起炮来了，前边不知什么地方也发出连续的枪声。他们只得坐在坑中，听一夜的枪炮声，仿佛守岁。明天再走，只遇见了一个带着两个小孩子的女乞丐，她将要逃进附近的寨中去。他们绕着村外的高粱田走，炮声隆隆地响着，彼此的面都发白了。言信君说他时时想着不该回家，但是他实在要回家了。

走到离家十数里地的时候，遇见许多队伍从前面来，说向西一步也不能走了。他们也看见山上有许多肩枪的人散处着。但是他们不管，用小衫蒙着头，运动着两腿只向前奔。……万幸竟到家了！

百里之中只有他们一个寨尚在守着。寨内的人满满的，几乎连走步的地方都没有，大家防着敌人的来攻。

言信君说，他的父亲很强健，同他一样，过那欢迎激刺的生活，整天整夜在寨上，同人兴奋地谈话。他的弟弟天天擦枪，他的母亲和小孩子都好，都有劲地讲着寨上防御的事，独有他的夫人不受外象的摇动，很冷静地整理她的家务。

他遇见的人都将他们所经历的悲哀的故事告诉他，——随着人家的习惯，用这悲哀两字，实在那些故事不是这两字所能形容了。但是他没心去听。

他那里好久不雨，秋禾快坏，天天刮着黄灰。活着的人都起了迷信，传谣开来。不知由何而来的金钟罩，说不怕洋枪，洋枪的子弹不能进肉。于是那里的人十之八九都吞起朱砂符来。言信君说，这火灾方兴未艾，或者就有个更痛快的燃烧在后头。

我从多封信中知道了这些可怕的事实；但悬悬的心总算得了个着落，言信君已到家里了。遥想他当在开始他的工作，将那大火灾的一烟一焰保留下来。我天天盼望总题为《火灾》的文篇从邮差的手中送到。

《火灾》只是不来，连信也没有。从报纸上打听消息，常看见言信君那里匪乱炽盛的记载。这不免引起我的疑惧；又时时自为驳斥，疑既无谓，惧复何必。邮差每天走进门，有几天要来两三回，但总是送到别人的信，不是言信的。

差不多两个月后，出乎意料，竟收到一封言信的信。这信在路上着了潮，框线的红色渗了开来，而且转为淡淡的。歪斜而干枯的字迹，不待细认下首寄书人的姓名，我已知道是谁写的了。

他信中说患了一场恶性的疟疾。病剧的时候，神志昏迷不醒，全不晓得。病势略退，便念着我和我的家，但是苦不成象。他只想到我家客室那个小门内外；想出门外，又想入门里，他的昏乱的脑袋中这样反三复四地变转着。至于我，我的母亲，我的妻，我的大儿和女孩，以及我家的女佣，诸人的面孔和情绪，他一点儿不能想到。

他又说他的病仍然不好，形神已损害得不堪了，大概也不能外出做事。

他又说最近土匪只在夜间攻击了一回，守寨的人也老练得很。未经收藏的麦子落在地上，此刻下了雨，遍地都是麦苗。至于田里，早先因干旱不能种，到今时节已过，雨又连绵不止。来年的麦收已在失望之中。

他末后说他再不想写什么了，这一场病使他一点儿心思也没有。

我怅然沉思：这于他是何等的转变！前此他生活在兴奋之中，今后将生活在哪里！《火灾》的不遽出世，又岂仅是我的失望！

妻抱着女孩走近我，急切地说，"言信君怎么了？"她随手接了信去自看。

大儿听着他的母亲说言信君，引起有味的回忆。他娇婉地说，"言信君第一次来时，带着一篮的枇杷，香蕉，桃子，罐头装着的牛乳和罐头装着的葡萄呢。"

女孩忽然啼哭起来，两手和头颅动摇着，表示她的不快。这使我立刻想起言信君的话。她的母亲正在看信，不将整个的心倾注于她；于是她马上觉察，因求慰而啼哭了。

1922 年 12 月 2 日作

潘先生在难中

一

车站里挤满了人，各有各的心事，都现出异样的神色。脚夫的两手插在号衣的口袋里，睡着一般地站着；他们知道可以得到特别收入的时间离得还远，也犯不着老早放出精神来。空气沉闷得很，人们略微感到呼吸受压迫，大概快要下雨了。电灯亮了一会了，仿佛比平时昏黄一点，望去好像一切的人物都在雾里梦里。

揭示处的黑漆板上标明西来的快车须迟到四点钟。这个报告在几点钟以前早就教人家看熟了，现在便同风化了的戏单一样，没有一个人再望它一眼。像这种报告，在这一个礼拜里，几乎每天每趟的行车都有：大家也习以为当然了。

不知儿多人心系着的来车居然到了，闷闷的一个车站就一变而为扰扰的境界。来客的安心，候客者的快意，以及脚夫的小小发财，我们且都不提。单讲一位从让里来的潘先生。他当火车没有驶进月台之先，早已安排得十分周妥：他领头，右手提着个黑漆皮包，左手牵着个七岁的孩子；七岁的孩子牵着他哥哥（今年九岁），哥哥又牵着他母亲。潘先生说人多照顾不齐，这么牵着，首尾一气，犹如一条蛇，什么地方都好钻了。他又屡次叮嘱，教大家握得紧紧，切

25

勿放手；尚恐大家万一忘了，又屡次摇荡他的左手，意思是教把这警告打电报一般一站一站递过去。

首尾一气诚然不错，可是也不能全然没有弊病。火车将停时，所有的客人和东西都要涌向车门，潘先生一家的那条蛇就有点尾大不掉了。他用黑漆皮包做前锋，胸腹部用力向前抵，居然进展到距车门只两个窗洞的地位。但是他的七岁的孩子还在距车门四个窗洞的地方，被挤在好些客人和座椅之间，一动不能动；两臂一前一后，伸得很长，前后的牵引力都很大，似乎快要把胳臂拉了去的样子。他急得直喊，"啊！我的胳臂！我的胳臂！"

一些客人听见了带哭的喊声，方才知道腰下挤着个孩子；留心一看，见他们四个人一串，手联手牵着。一个客人呵斥道，"赶快放手；要不然，把孩子拉做两半了！"

"怎么的，孩子不抱在手里！"又一个客人用鄙夷的声气自语，一方面他仍注意在攫得向前行进的机会。

"不，"潘先生心想他们的话不对，牵着自有牵着的妙用；再转一念，妙用岂是人人能够了解的，向他们辩白，也不过徒费唇舌，不如省些精神吧：就把以下的话咽了下去。而七岁的孩子还是"胳臂！胳臂！"喊着。潘先生前进后退都没有希望，只得自己失约，先放了手，随即惊惶地发命令道，"你们看着我！你们看着我！"

车轮一顿，在轨道上站定了；车门里弹出去似的跳下了许多人。潘先生觉得前头松动了些；但是后面的力量突然增加，他的脚作不得一点主，只得向前推移；要回转头来招呼自己的队伍，也不得自由，于是对着前面的人的后脑叫喊，"你们跟着我！你们跟着我！"

他居然从车门里被弹出来了。旋转身子一看，后面没有他的儿子同夫人。心知他们还挤在车中，守住车门老等总是稳当的办法。又下来了百多人，方才看见脚踏上人丛中现出七岁的孩子的上半身，承着电灯光，面目作哭泣的形相。他走前去，几次被跳下来的客人冲回，才用左臂把孩子抱了下来。再等了一会，潘师母同九岁的孩子也下来了；她吁吁地呼着气，连喊"哎唷，哎唷"，凄然的眼光相着潘先生的脸，似乎要求抚慰的孩子。

潘先生到底镇定，看见自己的队伍全下来了，重又发命令道，"我们仍旧像刚才一样联起来。你们看月台上的人这么多，收票处又挤得厉害，要不是联着，就走散了！"

七岁的孩子觉得害怕，拦住他的膝头说，"爸爸，抱。"

"没用的东西！"潘先生颇有点愤怒，但随即耐住，蹲下身子把孩子抱了起来。同时关照大的孩子拉着他的长衫的后幅，一手要紧紧牵着母亲，因为他自己两只手都不空了。

潘师母从来不曾受过这样的困累，好容易下了车，却还有可怕的拥挤在前头，不禁发怨道，"早知道这样子，宁可死在家里，再也不要逃难了！"

"悔什么！"潘先生一半发气，一半又觉得怜惜。"到了这里，懊悔也是没用。并且，性命到底安全了。走吧，当心脚下。"于是四个一串向人丛中蹒跚地移过去。

一阵的拥挤，潘先生像在梦里似的，出了收票处的隘口。他仿佛急流里的一滴水滴，没有回旋转侧的余地，只有顺着大家的势，脚不点地地走。一会儿已经出了车站的铁栅栏，跨过了电车轨道，来到水门汀的人行道上。慌忙地回转身来，只见数不清的给电灯光耀得发白的面孔以及数不清的提箱与包裹，一齐向自己这边涌来，忽然觉得长衫后幅上的小手没有了，不知什么时候放了的；心头怅惘到不可言说，只是无意识地把身子乱转。转了几回，一丝踪影也没有。家破人亡之感立时袭进他的心，禁不住渗出两滴眼泪来，望出去电灯人形都有点模糊了。

幸而抱着的孩子眼光敏锐,他瞥见母亲的疏疏的额发,便认识了,举起手来指点着,"妈妈,那边。"

潘先生一喜;但是还有点不大相信,眼睛凑近孩子的衣衫擦了擦,然后望去。搜寻了一会,果然看见他的夫人呆鼠一般在人丛中瞎撞,前面护着那大的孩子,他们还没跨过电车轨道呢。他便向前迎上去,连喊"阿大",把他们引到刚才站定的人行道上。于是放下手中的孩子,舒畅地吐一口气,一手抹着脸上的汗说,"现在好了!"的确好了,只要跨出那一道铁栅栏,就有人保险,什么兵火焚掠都遭逢不到;而已经散失的一妻一子,又幸运得很,一寻即着:岂不是四条性命,一个皮包,都从毁灭和危难之中捡了回来么?岂不是"现在好了"?

"黄包车!"潘先生很入调地喊。

车夫们听见了,一齐拉着车围拢来,问他到什么地方。

他稍微昂起了头,似乎增加了好几分威严,伸出两个指头扬着说,"只消两辆! 两辆!"他想了一想,继续说,"十个铜子,四马路,去的就去!"这分明表示他是个"老上海"。

辩论了好一会,终于讲定十二个铜子一辆。潘师母带着大的孩子坐一辆,潘先生带着小的孩子同黑漆皮包坐一辆。

车夫刚要拔脚前奔,一个背枪的印度巡捕一条胳臂在前面一横,只得缩住了。小的孩子看这个人的形相可怕,不由得回过脸来,贴着父亲的胸际。

潘先生领悟了,连忙解释道,"不要害怕,那就是印度巡捕,你看他的红包头。我们因为本地没有他,所以要逃到这里来;他背着枪保护我们。他的胡子很好玩的,你可以看一看,同罗汉的胡子一个样子。"

孩子总觉得怕,便是同罗汉一样的胡子也不想看。直到听见当当的声音，才从侧边斜睨过去，只见很亮很亮的一个房间一闪就过去了；那边一家家都是花花灿灿的，灯点得亮亮的，他于是不再贴着父亲的胸际。

到了四马路，一连问了八九家旅馆，都大大的写着"客满"的牌子；而且一望而知情商也没用，因为客堂里都搭起床铺，可知确实是住满了。最后到一家也标着"客满"，但是一个伙计懒懒地开口道，"找房间么？"

"是找房间，这里还有么？"一缕安慰的心直透潘先生的周身，仿佛到了家似的。

"有是有一间，客人刚刚搬走，他自己租了房子了。你先生若是迟来一刻，说不定就没有了。"

"那一间就归我们住好了。"他放了小的孩子，回身去扶下夫人同大的孩子来，说，"我们总算运气好，居然有房间住了！"随即付车钱，慷慨地照原价加上一个铜子；他相信运气好的时候多给人一些好处，以后好运气会连续而来的。但是车夫偏不知足，说跟着他们回来回去走了这多时，非加上五个铜子不可。结果旅馆里的伙计出来调停，潘先生又多破费了四个铜子。

这房间就在楼下，有一张床，一盏电灯，一张桌子，两把椅子，此外就只有烟雾一般的一房间的空气了。潘先生一家跟着茶房走进去时，立刻闻到刺鼻的油腥味，中间又混着阵阵的尿臭。潘先生不快地自语道，"讨厌的气味！"随即听见隔壁有食料投下油锅的声音，才知道那里是厨房。再一想时，气味虽讨厌，究比吃枪子睡露天好多了；也就觉得没有什么，舒舒泰泰地在一把椅子上坐下。

"用晚饭吧？"茶房放下皮包回头问。

"我要吃火腿汤淘饭。"小的孩子咬着指头说。

潘师母马上对他看个白眼，凛然说，"火腿汤淘饭！是逃难呢，

有得吃就好了，还要这样那样点戏！"

大的孩子也不知道看看风色，央着潘先生说，"今天到上海了，你给我吃大菜。"

潘师母竟然发怒了，她回头呵斥道，"你们都是没有心肝的，只配什么也没得吃，活活地饿……"

潘先生有点儿窘，却作没事的样子说，"小孩子懂得什么。"便吩咐茶房道，"我们在路上吃了东西了，现在只消来两客蛋炒饭。"

茶房似答非答地一点头就走，刚出房门，潘先生又把他喊回来道，"带一斤绍兴，一毛钱熏鱼来。"

茶房的脚声听不见了，潘先生舒快地对潘师母道，"这一刻该得乐一乐，喝一杯了。你想，从兵祸凶险的地方，来到这绝无其事的境界，第一件可乐。刚才你们忽然离开了我，找了半天找不见，真把我急死了；倒是阿二乖觉（他说着，把阿二拖在身边，一手轻轻地拍着），他一眼便看见了你，于是我迎上来，这是第二件可乐。乐哉乐哉，陶陶酌一杯。"他作举杯就口的样子，迷迷地笑着。

潘师母不响，她正想着家里呢。细软的虽然已经带在皮包里，寄到教堂里去了，但是留下的东西究竟还不少。不知王妈到底可靠不可靠；又不知隔壁那家穷人家有没有知道他们一家都出来了，只剩个王妈在家里看守；又不知王妈睡觉时，会不会忘了关上一扇门或是一扇窗。她又想起院子里的三只母鸡，没有完工的阿二的裤子，厨房里的一碗白燋鸭……真同通了电一般，一刻之间，种种的事情都涌上心头，觉得异样地不舒服；便叹口气道，"不知弄到怎样呢！"

两个孩子都怀着失望的心情，茫昧地觉得这样的上海没有平时父母嘴里的上海来得好玩而有味。

疏疏的雨点从窗外洒进来，潘先生站起来说，"果真下雨了，幸亏在这时候下，"就把窗子关上。突然看见原先给窗子掩没的旅客须知单，他便想起一件顶紧要的事情，一眼不眨地直望那单子。

"不折不扣，两块！"他惊讶地喊。回转头时，眼珠瞪视着潘师母，一段舌头从嘴里伸了出来。

二

第二天早上，走廊中茶房们正蜷在几条长凳上熟睡，狭得只有一条的天井上面很少有晨光透下来，几许房间里的电灯还是昏黄地亮着。但是潘先生夫妇两个已经在那里谈话了；两个孩子希望今天的上海或许比昨晚的好一点，也醒了一会儿，只因父母教他们再睡一会，所以还躺在床上，彼此呵痒为戏。

"我说你一定不要回去，"潘师母焦心地说。"这报上的话，知道它靠得住靠不住的。既然千难万难地逃了出来，哪有立刻又回去的道理！"

"料是我早先也料到的。顾局长的脾气就是一点不肯马虎。'地方上又没有战事，学自然照常要开的。'这句话确然是他的声口。这个通信员我也认识，就是教育局里的职员，又哪里会靠不住？回去是一定要回去的。"

"你要晓得，回去危险呢！"潘师母凄然地说。"说不定三天两天他们就会打到我们那地方去，你就是回去开学，有什么学生来念书？就是不打到我们那地方，将来教育局长怪你为什么不开学时，你也有话回答。你只要问他，到底性命要紧还是学堂要紧？他也是一条性命，想来决不会对你过不去。"

"你懂得什么！"潘先生颇怀着鄙薄的意思。"这种话只配躲在家里，伏在床角里，由你这种女人去说；你道我们也说得出口么！你切不要拦阻我（这时候他已转为抚慰的声调），回去是一定要回去

31

的；但是包你没有一点危险，我自有保全自己的法子。而且（他自喜心思灵敏，微微笑着），你不是很不放心家里的东西么？我回去了，就可以自己照看，你也能定心定意住在这里了。等到时局平定了，我马上来接你们回去。"

潘师母知道丈夫的回去是万无挽回的了。回去可以照看东西固然很好；但是风声这样紧，一去之后，犹如珠子抛在海里，谁保得定必能捞回来呢！生离死别的哀感涌上心头，她再不敢正眼看她的丈夫，眼泪早在眼角边偷偷地想跑出来了。她又立刻想起这个场面不大吉利，现在并没有什么不好的事情，怎么能凄惨地流起眼泪来。于是勉强忍住眼泪，聊作自慰的请求道，"那么你去看看情形，假使教育局长并没有照常开学这句话，要是还来得及，你就搭了今天下午的车来，不然，搭了明天的早车来。你要知道（她到底忍不住，一滴眼泪落在手背，立刻在衫子上擦去了），我不放心呢！"

潘先生心里也着实有点烦乱，局长的意思照常开学，自己万无主张暂缓开学之理，回去当然是天经地义，但是又怎么放得下这里！看他夫人这样的依依之情，断然一走，未免太没有恩义。又况一个女人两个孩子都是很懦弱的，一无依傍，寄住在外边，怎能断言决没有意外？他这样想时，不禁深深地发恨：恨这人那人调兵遣将，预备作战，恨教育局长主张照常开课，又恨自己没有个已经成年，可以帮助一臂的儿子。

但是他究竟不比女人，他更从利害远近种种方面着想，觉得回去终于是天经地义。便把恼恨搁在一旁，脸上也不露一毫形色，顺着夫人的口气点头道，"假若打听明白局长并没有这个意思，依你的话，就搭了下午的车来。"

两个孩子约略听得回去和再来的话，小的就伏在床沿作娇道，"我也要回去。"

"我同爸爸妈妈回去，剩下你独个儿住在这里，"大的孩子扮着鬼脸说。

小的听着，便迫紧喉咙叫唤，作啼哭的腔调，小手擦着眉眼的部分，但眼睛里实在没有眼泪。

"你们都跟着妈妈留在这里，"潘先生提高了声音说。"再不许胡闹了，好好儿起来等吃早饭吧。"说罢，又嘱咐了潘师母几句，径出雇车，赶往车站。

模糊地听得行人在那里说铁路已断火车不开的话，潘先生想，"火车如果不开，倒死了我的心，就是立刻免职也只得由他了。"同时又觉得这消息很使他失望；又想他要是运气好，未必会逢到这等失望的事，那么行人的话也未必可靠。欲决此疑，只希望车夫三步并作一步跑。

他的运气果然不坏，赶到车站一看，并没有火车不开的通告；揭示处只标明夜车要迟四点钟才到，这时候还没到呢。买票处绝不拥挤，时时有一两个人前去买票。聚集在站中的人却不少，一半是候客的，一半是来看看的，也有带着照相器具的，专等夜车到时摄取车站拥挤的情形，好作《风云变幻史》的一页。行李房满满地堆着箱子铺盖，各色各样，几乎碰到铅皮的屋顶。

他心中似乎很安慰，又似乎有点儿怅惘，顿了一顿，终于前去买了一张三等票，就走入车厢里坐着。晴明的阳光照得一车通亮，可是不嫌燠热；座位很宽舒，勉强要躺躺也可以。他想，"这是难得逢到的。倘若心里没有事，真是一趟愉快的旅行呢。"

这趟车一路耽搁，听候军人的命令，等待兵车的通过。开到让里，已是下午三点过了。潘先生下了车，急忙赶到家，看见大门紧紧关着，心便一定，原来昨天再四叮嘱王妈的就是这一件。

扣了十几下，王妈方才把门开了。一见潘先生，出惊地说，"怎

么，先生回来了！不用逃难了么？"

潘先生含糊回答了她；奔进里面四周一看，便开了房门的锁，直闯进去上下左右打量着。没有变更，一点没有变更，什么都同昨天一样。于是他吊起的半个心放下来了。还有半个心没放下，便又锁上房门，回身出门；吩咐王妈道，"你照旧好好把门关上了。"

王妈摸不清头绪，关了门进去只是思索。她想主人们一定就住在本地，恐怕她也要跟去，所以骗她说逃到上海去。"不然，怎么先生又回来了？奶奶同两个孩子不同来，又躲在什么地方呢？但是，他们为什么不让我跟去？这自然嫌得人多了不好。——他们一定就住在那洋人的红房子里，那些兵都讲通的，打起仗来不打那红房子。——其实就是老实告诉我，要我跟去，我也不高兴去呢。我在这里一点也不怕；如果打仗打到这里来，反正我的老衣早就做好了。"她随即想起甥女儿送她的一双绣花鞋真好看，穿了那双鞋上西方，阎王一定另眼相看；于是她感到一种微妙的舒快，不再想主人究竟在哪里的问题。

潘先生出门，就去访那当通信员的教育局职员，问他局长究竟有没有照常开学的意思。那人回答道，"怎么没有？他还说有些教员只顾逃难，不顾职务，这就是表示教育的事业不配他们干的；乘此淘汰一下也是好处。"潘先生听了，仿佛觉得一凛；但又赞赏自己有主意，决定从上海回来到底是不错的。一口气奔到自己的学校里，提起笔来就起草送给学生家属的通告。通告中说兵乱虽然可虑，子弟的教育犹如布帛菽粟，是一天一刻不可废弃的，现在暑假期满，学校照常开学。从前欧洲大战的时候，人家天空里布着御防炸弹的网，下面学校里却依然在那里上课：这种非常的精神，我们应当不让他们专美于前。希望家长们能够体谅这一层意思，若无其事地依旧把子弟送来：这不仅是家庭和学校的益处，也是地方和国家的荣誉。

他起好草稿，往复看了三遍，觉得再没有可以增损，局长看见了，至少也得说一声"先得我心"。便得意地誊上蜡纸，又自己动手印刷了百多张，派校役向一个个学生家里送去。公事算是完毕了，开始想到私事；既要开学，上海是去不成了，他们母子三个住在旅馆里怎么挨得下去！但也没有办法，惟有教他们一切留意，安心住着。于是蘸着刚才的残墨写寄与夫人的信。

下一天，他从茶馆里得到确实的信息，铁路真个不通了。他心头突然一沉，似乎觉得最亲热的一妻两儿忽地乘风飘去，飘得很远，几乎至于渺茫。没精没采地踱到学校里，校役回报昨天的使命道，"昨天出去送通告，有二十多家关上了大门，打也打不开，只好从门缝里塞进去。有三十多家只有佣人在家里，主人逃到上海去了，孩子当然跟了去，不一定几时才能回来念书。其余的都说知道了；有的又说性命还保不定安全，读书的事再说吧。"

"哦，知道了。"潘先生并不留心在这些上边，更深的忧虑正萦绕在他的心头。他抽完了一支烟卷以后，应走的路途决定了，便赶到红十字会分会的办事处。

他缴纳会费愿做会员；又宣称自己的学校房屋还宽敞，愿意作为妇女收容所，到万一的时候收容妇女。这是慈善的举措，当然受热诚的欢迎，更兼潘先生本来是体面的大家知道的人物。办事处就给他红十字的旗子，好在学校门前张起来；又给他红十字的徽章，标明他是红十字会的一员。

潘先生接旗子和徽章在手，像捧着救命的神符，心头起一种神秘的快慰。"现在什么都安全了！但是……"想到这里，便笑向办事处的职员道，"多给我一面旗，几个徽章罢。"他的理由是学校还有个侧门，也得张一面旗，而徽章这东西太小巧，恐怕偶尔遗失了，

不如多备几个在那里。

办事员同他说笑话，这东西又不好吃的，拿着玩也没有什么意思，多拿几个也只作一个会员，不如不要多拿罢。但是终于依他的话给了他。

两面红十字旗立刻在新秋的轻风中招展，可是学校的侧门上并没有旗，原来移到潘先生家的大门上去了。一个红十字徽章早已缀上潘先生的衣襟，闪耀着慈善庄严的光，给与潘先生一种新的勇气。其余几个呢，重重包裹，藏在潘先生贴身小衫的一个口袋里。他想，"一个是她的，一个是阿大的，一个是阿二的。"虽然他们远处在那渺茫难接的上海，但是仿佛给他们加保了一重险，他们也就各各增加一种新的勇气。

<h1 style="text-align:center">三</h1>

碧庄地方两军开火了。

让里的人家很少有开门的，店铺自然更不用说，路上时时有兵士经过。他们快要开拔到前方去，觉得最高的权威附灵在自己身上，什么东西都不在眼里，只要高兴提起脚来踩，都可以踩做泥团踩做粉。这就来了拉夫的事情：恐怕被拉的人乘隙脱逃，便用长绳一个联一个拴着胳臂，几个弟兄在前，几个弟兄在后，一串一串牵着走。因此，大家对于出门这件事都觉得危惧，万不得已时，也只从小巷僻路走，甚至佩着红十字徽章如潘先生之辈，也不免怀着戒心，不敢大模大样地踱来踱去。于是让里的街道见得又清静又宽阔了。

上海的报纸好几天没来。本地的军事机关却常常有前方的战报公布出来，无非是些"敌军大败，我军进展若干里"的话。街头巷尾贴出一张新鲜的战报时，也有些人慢慢聚集拢来，注目看着。但大家看罢以后依然不能定心，好似这布告背后还有许多话没说出来，于是怅怅地各自散了，眉头照旧皱着。

这几天潘先生无聊极了。最难堪的，自然是妻儿远离，而且消息不通，而且似乎有永远难通的朕兆。次之便是自身的问题，"碧庄冲过来只一百多里路，这徽章虽说有用处，可是没有人写过笔据，万一没有用，又向谁去说话？——枪子炮弹劫掠放火都是真家伙，不是耍的，到底要多打听多走门路才行。"他于是这里那里探听前方的消息，只要这消息与外间传说的不同，便觉得真实的成分越多，即根据着盘算对于自身的利害。街上如其有一个人神色仓皇急忙行走时，他便突地一惊，以为这个人一定探得确实而又可怕的消息了；只因与他不相识，"什么！"一声就在喉际咽住了。

红十字会派人在前方办理救护的事情，常有人搭着兵车回来，要打听消息自然最可靠了。潘先生虽然是个会员，却不常到办事处去探听，以为这样就是对公众表示胆怯，很不好意思。然而红十字会究竟是可以得到真消息的机关，舍此他求未免有点傻，于是每天傍晚到姓吴的办事员家里去打听。姓吴的告诉他没有什么，或者说前方抵住在那里，他才透了口气回家。

这一天傍晚，潘先生又到姓吴的家里；等了好久，姓吴的才从外面走进来。

"没有什么吧？"潘先生急切地问。"照布告上说，昨天正向对方总攻击呢。"

"不行，"姓吴的忧愁地说；但随即咽住了，捻着唇边仅有的几根二三分长的髭须。

"什么！"潘先生心头突地跳起来，周身有一种拘牵不自由的感觉。

姓吴的悄悄地回答，似乎防着人家偷听了去的样子，"确实的消

息，正安（距碧庄八里的一个镇）今天早上失守了！"

"啊！"潘先生发狂似的喊出来。顿了一顿，回身就走，一壁说道，"我回去了！"

路上的电灯似乎特别昏暗，背后又仿佛有人追赶着的样子，惴惴地，歪斜的急步赶到了家，叮嘱王妈道，"你关着门安睡好了，我今夜有事，不回来住了。"他看见衣橱里有一件绉纱的旧棉袍，当时没收拾在寄出去的箱子里，丢了也可惜；又有孩子的几件布夹衫，仔细看时还可以穿穿；又有潘师母的一条旧绸裙，她不一定舍得便不要它：便胡乱包在一起，提着出门。

"车！车！福星街红房子，一毛钱。"

"哪里有一毛钱的？"车夫懒懒地说。"你看这几天路上有几辆车？不是拼死寻饭吃的，早就躲起来了。随你要不要，三毛钱。"

"就是三毛钱，"潘先生迎上去，跨上脚踏坐稳了，"你也得依着我，跑得快一点！"

"潘先生，你到哪里去？"一个姓黄的同业在途中瞥见了他，站定了问。

"哦，先生，到那边……"潘先生失措地回答，也不辨问他的是谁；忽然想起回答那人简直是多事——车轮滚得绝快，那人决不会赶上来再问，——便缩住了。

红房子里早已住满了人，大都是十天以前就搬来的，儿啼人语，灯火这边那边亮着，颇有点热闹的气象。主人翁见面之后，说，"这里实在没有余屋了。但是先生的东西都寄在这里，也不好拒绝。刚才有几位匆忙地赶来，也因不好拒绝，权且把一间做厨房的厢房让他们安顿。现在去同他们商量，总可以多插你先生一个。"

"商量商量总可以，"潘先生到了家似的安慰。"何况在这样时候。我也不预备睡觉，随便坐坐就得了。"

他提着包裹跨进厢房的当儿，以为自己受惊太利害了，眼睛生了翳，因而引起错觉；但是闭一闭眼睛再睁开来时，所见依然如前，这靠窗坐着，在那里同对面的人谈话，上唇翘起两笔浓须的，不就是教育局长么？

他顿时踌躇起来，已跨进去的一只脚想要缩出来，又似乎不大好。那局长也望见了他，尴尬的脸上故作笑容说，"潘先生，你来了，进来坐坐。"主人翁听了，知道他们是相识的，转身自去。

"局长先在这里了。还方便吧，再容一个人？"

"我们只三个人，当然还可以容你。我们带着席子；好在天气不很凉，可以轮流躺着歇歇。"

潘先生觉得今晚上局长特别可亲，全不像平日那副庄严的神态，便忘形地直跨进去说，"那么不客气，就要陪三位先生过一夜了。"

这厢房不很宽阔。地上铺着一张席子，一个戴眼镜的中年人坐在上面，略微有疲倦的神色，但绝无欲睡的意思。锅灶等东西贴着一壁。靠窗一排摆着三只凳子，局长坐一只，头发梳得很光的二十多岁的人，局长的表弟，坐一只，一只空着。那边的墙角有一只柳条箱，三个衣包，大概就是三位先生带来的。仅仅这些，房间里已没有空地了。电灯的光本来很弱，又蒙上了一层灰尘，照得房间里的人物都昏暗模糊。

潘先生也把衣包放在那边的墙角，与三位的东西合伙。回过来谦逊地坐上那只空凳子。局长给他介绍了自己的同伴，随后说，"你也听到了正安的消息么？"

"是呀，正安。正安失守，碧庄未必靠得住呢。"

"大概这方面对于南路很疏忽，正安失守，便是明证。那方面从正安袭取碧庄是最便当的，说不定此刻已被他们得手了。要是这样，不堪设想！"

"要是这样，这里非糜烂不可！"

"但是，这方面的杜统帅不是庸碌无能的人，他是著名善于用兵的，大约见得到这一层，总有方法抵挡得住。也许就此反守为攻，势如破竹，直捣那方面的巢穴呢。"

"若能这样，战事便收场了，那就好了！——我们办学的就可以开起学来，照常进行。"

局长一听到办学，立刻感到自己的尊严，捻着浓须叹道，"别的不要讲，这一场战争，大大小小的学生吃亏不小呢！"他把坐在这间小厢房里的局促不舒的感觉忘了，仿佛堂皇地坐在教育局的办公室里。

坐在席子上的中年人仰起头来含恨似的说，"那方面的朱统帅实在可恶！这方面打过去，他抵抗些什么，——他没有不终于吃败仗的。他若肯漂亮点儿让了，战事早就没有了。"

"他是傻子，"局长的表弟顺着说，"不到尽头不肯死心的。只是连累了我们，这当儿坐在这又暗又窄的房间里。"他带着玩笑的神气。

潘先生却想念起远在上海的妻儿来了。他不知道他们可安好，不知道他们出了什么乱子没有，不知道他们此刻睡了不曾，抓既抓不到，想象也极模糊；因而想自己的被累要算最深重了，凄然望着窗外的小院子默不作声。

"不知道到底怎么样呢！"他又转而想到那个可怕的消息以及意料所及的危险，不自主地吐露了这一句。

"难说，"局长表示富有经验的样子说。"用兵全在趁一个机，机是刻刻变化的，也许竟不为我们所料，此刻已……所以我们……"他对着中年人一笑。

中年人，局长的表弟同潘先生三个已经领会局长这一笑的意味；

大家想坐在这地方总不至于有什么，也各安慰地一笑。

小院子里长满了草，是蚊虫同各种小虫的安适的国土。厢房里灯光亮着，虫子齐飞了进来。四位怀着惊恐的先生就够受用了；扑头扑面的全是那些小东西，蚊虫突然一针，痛得直跳起来。又时时停语侧耳，惶惶地听外边有没有枪声或人众的喧哗。睡眠当然是无望了，只实做了局长所说的轮流躺着歇歇。

下一天清晨，潘先生的眼球上添了几缕红丝；风吹过来，觉得身上很凉。他急欲知道外面的情形，独个儿闪出红房子的大门。路上同平时的早晨一样，街犬竖起了尾巴高兴地这头那头望，偶尔走过一两个睡眼惺忪的人。他走过去，转入又一条街，也听不见什么特别的风声。回想昨夜的匆忙情形，不禁心里好笑。但是再一转念，又觉得实在并无可笑，小心一点总比冒险好。

四

二十余天之后，战事停止了。大众点头自慰道，"这就好了！只要不打仗，什么都平安了！"但是潘先生还不大满意，铁路还没通，不能就把避居上海的妻儿接回来。信是来过两封了，但简略得很，比不看更教他想念。他又恨自己到底没有先见之明；不然，这一笔冤枉的逃难费可以省下，又免得几十大的孤单。

他知道教育局里一定要提到开学的事情了，便前去打听。跨进招待室，看见局里的几个职员在那里裁纸磨墨，像是办喜事的样子。

一个职员喊道，"巧得很，潘先生来了！你写得一手好颜字，这个差使就请你当了吧。"

"这么大的字，非得潘先生写不可。"其余几个人附和着。

"写什么东西？我完全茫然。"

"我们这里正筹备欢迎杜统帅凯旋的事务。车站的两头要搭起四个彩牌坊,让杜统帅的花车在中间通过。现在要写的就是牌坊上的几个字。"

"我哪里配写这上边的字?"

"当仁不让。""一致推举。"几个人一哄地说;笔杆便送到潘先生手里。

潘先生觉得这当儿很有点意味,接了笔便在墨盆里蘸墨汁。凝想一下,提起笔来在蜡笺上一并排写"功高岳牧"四个大字。第二张写的是"威镇东南"。又写第三张,是"德隆恩溥"。——他写到"溥"字,仿佛看见许多影片,拉夫,开炮,焚烧房屋,奸淫妇人,菜色的男女,腐烂的死尸,在眼前一闪。

旁边看写字的一个人赞叹说,"这一句更见恳切。字也越来越好了。"

"看他对上一句什么。"又一个说。

1924 年 11 月 27 日写毕

城　　中

　　火车行得缓些了，整备作暂时的休息。有些旅客站起来，或者取下头顶搁着的提箱，或者整理座旁的包裹，或者穿起长衫和玄纱马褂；有些妇女打开那不离手的小皮匣，对着里面的镜子照一照，取出粉纸来在额上脸上只是揩抹，接着又是转侧地照个不歇。

　　旅客们从左面的车窗望出去，在丛丛浓树之中，一抹城墙低低地露了出来。城墙以内耸起一座高塔，画栏檐铎，约略可以辨认。这在旅客们虽然未必是初见，但是有些人认作到达的标记，有些人认作行程的度量，也有些人重现他们儿童时期的好奇心，便相与指点着说："塔！塔！"

　　窗外拂过一丛绿树，一阵蝉声送到旅客们的耳朵里。这可见车行更缓了。不一刻，便驶进站台，强固地停着。

　　一个人从车厢里跨下来，躯干很高，挺挺的，有豪爽的气概，年纪在三十左右，帽檐下一双眼睛放出锐敏的光。他只挟着一个皮书包，不需要夫役帮助，也不像其他旅客那么慌忙，在一忽儿扰攘起来的站台上，犹如小鸟啁啾之中的独鹤。他出了车站，劈开了兜揽主顾的车夫们的阵线，便顺着沿河的沙路走去。

　　河对岸就是城墙，古旧的城砖大部分都长着苔藓；这时候太阳偏西了，阳光照着，呈茶绿色。矗起的那个高塔仿佛特意要补救景物的太过平板似的，庄严地挺立在蓝天的背景之前。河水很宽阔，

却十分平静，天光城影，都反映得清清楚楚，而且比本身更美。

他一路走过云，车站的喧声渐渐低沉下云，终于消失了。他有一种非常新鲜的感觉：耳际异样地寂静，好像四围的空气稀薄到了极点似的；那城墙，那高塔，那河流，都显出苍古的姿态，但这苍古之中颇带几分娟媚；扰扰的人事似乎远离了，远得几乎渺茫，像天边的薄云一样。他站定了，抬一抬帽檐，仔细地望着，心里想："这古旧的城池，究竟是很可爱的。虽然像老年人的身体一样，血管里流着陈旧的血液，但是我正要给它注射新鲜的血液，把那陈旧的挤出来，使它回复壮健的青春。到那时候，里边流着的没有一滴不是青春的血，而外面有眼前这样的苍古而娟媚的容光，天下再有什么事情比这个更值得欢喜的呢！"

这么想时，对于前途的勇气更增高了不少。取手巾擦了擦脸上的汗，重又大踏步走去。路尽过桥，便进了城门。

城里的街道极窄，阳光倒是不大有的；只要两乘人力车相向擦肩而过，就叫行人曲着身子贴着店家的栏杆相让，还时时有撞痛的危险。店家的柜台里坐着些赤膊的伙友，轻轻摇着葵扇，似乎十分安闲。行人也似乎全没一点事务，只是出来散散步的，走得异常地轻，异常地慢。偶然有几个完全裸体的小孩，奔走追赶，故作怪声直叫，这才把平静的空气打破。而急奔乱撞，铃声叮当不绝的人力车时或经过，也是一种与这个境界不相协调的东西。

"永远是这样的情形，三十年来，就只多了那些乌光银亮的人力车。走路的人也永远是这样慢，慢步的老辈，传下来慢步的小辈，所以依然只见些不要不紧的背影。在这狭窄的街道中，他们这样挡在前边很可厌，叫人家要快步也快不来！"他想着，赌气似的，脚步更为加紧一点；身子敏捷地左偏或右偏，以免与行人车身相撞。只见行人一个个地向后退去，他觉得这才爽快，虽然衣衫已经汗湿了。

　　"高先生！"他脱下草帽，站定了，恭敬地这样叫着。在他前面的是一个五十左右的人，高高的身材，可是很瘦，夏布长衫，团龙玄纱马褂，苍黑的脸色，额纹极深，两颗近视的眼珠从大圆眼镜里映出来，见得很细，上唇有浓黑的一撮胡须。

　　这位高先生虽然近视，却早已远远地望见了对面走来的人，心里想："他果真回来了，可见人家的传说不虚，办学校的事他们准要干的。还是不同他招呼的好；当年班上听讲的情形，他一定忘得干干净净了，不冤枉他，现在他一定还在骂我们老朽，同他有什么可谈呢！"便靠着街道的一边走，一边贴近一个挑藕担子的乡下人，目不旁视，想借此彼此错过了。哪知他学生望见了他，也就靠着街道的一边站定，正当他的面，而且恭敬地招呼了。他只得恍然直视，表示欢喜说："啊，雨生，好久不见了。这一次回来，大概要过了夏再出去了？"

　　"不，今后想不出去了。我们几个朋友计划在这里办一个中学校，今后我就干这一桩。"

　　"那是很好的事情，我记得人家曾经说起过。"高先生就想点头别去，但是雨生接着说："我们凭着理想来计划，不妥当的地方一定有。想常常到先生那边去讨教，领受先生的宝贵的经验。"

　　高先生笑了一笑，似谦逊又似鄙夷地说："潮流不对了。我们一些经验犹如失时的衣着，只配塞在破箱子里了，对你们的新学校有什么用处呢！"他顿了一顿又转为很严正的神态说："可是学校也实在难办，越来越莫名其妙。当初你在校里当学生的时候，我们觉得什么都有把握。现在可不然，什么都空空如也。也正想向人家讨教讨教，接受些新经验呢。"

　　"经验总是经验，有什么新的旧的，先生谦逊罢了。"雨生虽然这样说，对于高先生那种牢骚的调子，不无叹惜的意思。

高先生却想到向雨生探试，便问："你们的经费已经筹得差不多么？那是最要紧的。好好的计划，往往给经费问题打得烟消云散。"

"我们有预算，学生缴的费恰抵平时的开支。开办费是捐募的，现在已经足了数。"

"收费同开支能相抵么？"

"我们几个人志趣相同，又全是只消顾一己的生活的，所以支薪极少，有两三人全不支薪……"

"全不支薪！"高先生似乎听见了怪异的事，停一停，笑着说："足见你们热心教育，佩服佩服。我们再见吧。"说着，点头自去，高高的身躯便摇动起来了。

"先生，再见。"

高先生踱进茶馆里，这时候大半的座头已经有了茶客了。那些茶客在家里吃饱了午饭，吸畅了水烟，又进了些西瓜雪藕，看看人阳偏西，街上已有靠阴的地方，便慢步轻移，汗也不出一滴地来到茶馆里，上他们日常的功课。中间一个充当县视学的陆仲芳看见了高先生，便停止吸水烟，略作起立的姿势，点着头说："菊翁，今天你来得比我晚了。这里空，就是这里吧。"说着，努着嘴指点与己同桌的一个空座儿。

"仲翁，很好，就是这里。在路上略有耽搁，所以来得晚了些。"高先生说罢，便卸下马褂长衫，挂在墙上的衣钩上，再把短衫脱了，披在藤椅子的靠背上；这就完全露出个瘦黑的上体，锁骨后面的两个低洼，前胸一排排的肋骨，都非常清楚，比照着陆仲芳又白又胖的上体，厚团团地没有一些棱角，令人感到一种滑稽的趣味。

"你道我在路上遇见了谁？就是丁雨生，他已经跑回来了。"高先生一边说，一边坐下来。馆役送上热手巾，高先生接了，便前胸后背一阵地擦。擦过了三把，捋着上唇的黑须说："他们那个中学校一定要办了，他刚才对我说，他今后就专门干这一桩。"

仲芳才吹起一个火，听说就让它燃着，且不吸烟，说："本来一定要办的，我知道他们已经在邢家巷租下了校舍了。"这才蒲卢卢蒲卢卢地吸了一袋烟，两个大而斜仰的鼻孔里就喷出淡白的两条烟须来。

"我们的学校是欠薪，是开支不来；他们办学校倒有法想，听他说开办费已经捐募足数了。嗤，他们这批小孩子！"

"喝，他们这批小孩子！"仲芳附和一句，讥讽地笑了笑。

"只是有一点不明白：他说经费能够同学生缴的费相抵，因为他们支薪极少，有几个竟全不支薪；究竟他们所为何事呢？"

"哈哈，菊翁，你太老实了。不支薪水，教人家的子弟读书长进，现在这时代，哪里来这种人！这里头自然别有作用。"仲芳说到这里，略带自傲的神情又吸了一袋烟。

菊翁略微感到惭愧，端起茶杯呷了口茶，自己辩护说："里头别有作用，我当然也知道。不过是什么作用，我可有点儿揣不透。"

"还不是……"以下就隔着桌子把头凑近菊翁，低低地说了。一会儿才如前坐正，接下去说："他们的钱，自然有来源。本来不靠什么薪水，落得说句体面话。人家说他们一声热心教育，这就着了他们的道儿，无形中为他们当鼓吹手了。要不然，他有没有告诉你开办费从什么地方捐来的？"

菊翁将信将疑，又夹着莫名其妙的恐惧，闭了闭眼睛说："大概六七分是准的，是准的。"

"岂止六七分，简直是十分十二分！"

"你们赌什么东道了？"这是教育局长王坝伯，他本来坐在靠窗那边，坐久了起来踱步，听见高陆两个的话，便这样问，同时拉开

一只空椅子，与他们同桌坐了下来。

高陆两个把刚才谈的告诉了他，他连连点头说："一定是这个作用，仲翁的话一点不错。他们吃的捣乱的饭，想尽办法捣乱，无所不用其极，有缝便钻，有路便走：这个什么宏毅中学就是他们伸进来的一条腿！"

"譬之于捉贼，他偷开了门把一条腿伸进来的时候，我们就得拉住他！"菊翁说这一句，自觉颇有点滑稽，便掀起上唇，露出焦黄的牙齿笑了。

埂伯不接嘴，只顾发表自己的意见，严正地说："我们也不肯冤枉人家；只听他们的一些办法，就是要想捣乱的凭据。我是从来小同这批人接近的，我的小儿同他们中间有几个是同学，前几天遇见了，他们就告诉他办学校的事情。最荒谬的是男女同学。你们想，中学校呢，可是男女同学！其次，荒谬的是……"

"是自由恋爱吧？"仲芳抢出来说，圆脸上堆着趣味的笑容。

"倒不是。他们说，逢到外间有什么事件发生，教员学生一律要积极参加社会活动。这是什么话！教员，是叫你教书的，学生，是叫你念书的，要你管什么社会不社会！而且要在社会里活动，要积极活动，这不是有心捣乱谋反叛逆是什么！"埂伯愤愤地说着，觉得心头有点燥热，便把仅仅穿着的官纱背心的纽扣解开，露出前胸。

菊翁忽觉有所感触，叹息说："不知道世界要变成什么样儿才了，不知道人要变成什么样儿才了！那丁雨生当时在我跟前，不声不响的，也算是个驯良的学生。谁知十年之后，竟变成洪水猛兽！"

"不是这么说，"埂伯似乎嫌菊翁太过颓丧，坚强地这么说。"在我们手里，这批小孩子要想伸出头来捣什么乱，没有这样容易！假如我们不去对付他们，让驯良的子弟们也混进他们的团体，变成洪水猛兽，这就对不起祖宗，对不起乡先贤，对不起这块地方。所以我们是责无旁贷。仲翁，你是县视学，他们办出学校来，你有视察的权柄。看他们有什么不妥当的地方，我们就不客气，勒令停办。"

仲芳把水烟袋放存桌上，呷了口茶，说："这当然可以，可以。不过，根本的对付方法，还在釜底抽薪。"他同时表演抽薪的手势。

"怎么说呢？"

"就是不要让他们招到学生。这也不是办不到的事。前几天，一批小学教员在那里谈论，说：'毕业学生往往来问进哪一个中等学校好，便回答他们，总是官立的中学或师范好，因为那是正途。'他们又说：'听说这学期将有个新办的什么宏毅中学，主持的都是一班外边跑回来的青年人，怕不很妥当吧。'我便顺着说，那当然，他们原是别有作用的。这可见没有什么人相信他们，他们办出学校来，大半是教几副空桌椅罢了。"

埂伯听了，觉得安慰；菊翁心头也似乎舒爽了不少。"能得如此，那就是祖宗的灵佑，地方的福气。不过，我们总得当一点儿心，逢人就把其中利害说清楚才是。"埂伯终觉不放心，又这样说了。

"那自然。"菊翁同仲芳的两个头，一肥一瘦，相对地点着。

宏毅中学的招生广告贴在街头巷口，刊登在本地的几种报上，甚至刊登在所谓"大报"的上海报的封面时，凡是望见的总觉得心里一顿，似乎这是魔怪的一道符咒，里头含着猛烈的恐怖。因此，底下一行一行的小字说些什么，也就不想看个明白了。城里头常常可以听见这么一种口风："宏毅中学，那是有色彩的。那批人都是不好惹的，同他们远点儿为是。"

通文达理的父兄们便这么说："就是天下的学堂全都关完了，宁可让子弟们永世不识一个字，总不敢去请教宏毅中学！谁愿意把世

界搅成个率兽食人的世界呢!"

一个学校的创设,虽然算不得一件大事,却在这城里多数人的心海里掀起了波浪了。

尤其是丁雨生接受了青年同志会的邀请,出席演讲这件事,给与许多人以说不出的不安。在座听讲的当然只有同志会的几个会友,旁的人谁也不高兴听他们所不爱听的话,可是又不能把心里的不安忘掉,至少总得知道点儿消息才是。结果王埍伯的儿子充了专使,被派去听丁雨生演讲。回来的时候,埍伯问清楚了,就出去转述给仲芳他们一班学界中人听。

"你们知道他讲些什么?"他不先说出来,带着气愤这么问。

"自由恋爱吧?""也许是打倒资本家。""一定是讲授捣乱的法门。"几个人这么说。

"不是的。他的题目叫《改造社会》。改造社会也只是一句普通的话,哪一个演说的人不这么说,哪一个做文章的人不这么写。但是他的话里却含着骨头,项庄舞剑,其意常在沛公。他说:'身体里面有了老废的质料,就得排泄出去,血管里面有了污浊的血液,就得重行化清。一个社会的情形正同身体相似。所以要讲改造社会,应该排去社会里的老废物,让社会的血管里满满地流着新鲜的血液。'"

不约而同地,听众心里都觉得一沉,他们相信所谓老废物就是指他们而言,因而发怒,仿佛这么想:"你竟破口骂起我们来了!"

"还有呢!"埍伯似乎已经受了听众的暗示,以激励的语气继续说:"他说:'大而无当地唱什么改造社会,犹之躺在床上想捉老虎。切实地改造社会要从近处着手,从小处着手,做到一步再来一步。透明地说,我们的工夫应该从这个城池做起头!'你们听见么?我们是老废物,他的工夫自然就是把我们排泄出去!办学校是伸进一条腿，待第二条腿也伸了进来，站定了，大概就要想法子向我们挑战了!"

"知道了，你是我们的仇敌!"大家仿佛这么想，深深地记在心头。随后自然有许多议论，末了却怪那个青年同志会太不应该，怎么去请这么一个人演讲。又有人机警地发表他的深刻的观察说："他们原是一伙儿! 你们想他们那个会的名儿，一批会员又尽是些油头滑脸的小伙子。"

大家觉得爽然，心头不安更甚，犹如阴暗的天空又浮来一重浓云。

由于有了这个故事，在平民教育运动大会的前两天，教育局的书记受王埧伯责备了。"这一点儿小事也办不来! 怎么让丁雨生这东西也签了名呢?"

"本来说无论什么人都可以先来签名，到那天担任演讲。刚才丁雨生自己来了，说愿意担任演讲，似乎不好叫他不要签名。"书记为自己辩解，带着小心的神情。

"你就不能想一句话回答他么? 你知道他是怎样的人? 你知道公共体育场是什么地方? 你知道后天的听众有多少? 平民教育运动大会，就让他来宣传他那混账思想么!"

书记回答不上来，只是涨红了脸。

"由你去想法子，叫他后天不要来讲!"

这个题目真把书记难住了。有什么话可说呢? 就是有话可说，找到宏毅中学去也实在有点儿怕。

"这样吧，你把电话接通了，我同方紫老商量。"埧伯又觉得叫他不要来讲的办法不妥当，所以这么说。

书记知道先前的命令取消了，犹如解开了全身的束缚一般，轻轻松松地走到电话机前。

　　商量的结果，方紫老答应写信给警察厅长，请他在后天派警察多名，荷枪携弹，到公共体育场防护；或有不逞之徒乘机煽惑群众，警察得受教育局长的指挥，立即逮捕。

　　开会那一天，天色阴晦，有风，颇有秋天的意味。公共体育场只在进门处有几棵柳树，虽然绿叶缀枝，但经风飘起，萧萧作响，也就有点衰索的景况。人倒来得不少；固然，教育局先曾张贴大幅广告，在本城报上也刊登核桃大的字，但还是许多小学生排了队，摇着手里的小纸旗，在街上游行一周的效力来得大，队伍往体育场，一般人也就跟来了。小纸旗上都写些字句，可是不容易叫人家注意，一阵风来，只听见沙沙作响，如扫败叶。难得进体育场的人看见天桥秋千铁杠都喜欢，有爬上去的，有吊上去的，有站着看的，有拍手叫的，这就增加不少热闹。

　　场中警察有六七十名之多，有的固定地站着，如站岗一般，也有来往逡巡的，都拿着枪，斜佩着子弹带，颗颗子弹的尖头闪闪发亮。他们出来时，巡官传谕了上司的命令，还叮嘱说："你们得当心点，这是省议员方大人要你们去的！"

　　人越来越多，喧声笼罩在群众头上。一阵的骚动，一个委员站上极北的那个平台，点头挥手，似乎表示这就开会了。这里埂伯、仲芳一班人站在柳树底下，反负着手，踮起脚直望。

　　"几位先生都在这里。"

　　埂伯、仲芳等人听得这一句，收回远望的眼光，就见身旁站着个高高的衣裤全白的人物，不自禁地不舒快起来。但是略顿一顿之后，埂伯就堆着笑脸说："啊，雨生先生已经来了。我们这个会，承你担任演讲，实在光荣之至。"

　　"在外边久了，难得同本乡人谈话。今天恰好是个机会，故而愿意来说几句。"雨生说着，伸手入裤袋，取出手巾来刷那被风吹乱的头发。仲芳相他的裤袋，又相他的粗大多毛的手，似乎将要掏出什么家伙来，便移步向前，同他离得远些。

"确然是个好机会，"埧伯却又敷衍了一句。

雨生站上平台演讲的时候，站得较远的人也只是个听不见，仅能望见他身体这样那样的姿态。柳树下的几个人似乎特别注意地在那里听，但并不走近一点。

"他讲些什么？"仲芳回转圆大的头这么问。

"用得着警察么？"教育局的一个职员这么问，眼睛望着埧伯。

埧伯不便说没听清楚，便摇头说："用不着，用不着，他讲的都是些爱国的话。"

"哦，爱国的话，"仲芳点头，一只手按摩着突出的腹部，似乎表示这才放心了。

这一天，天气又转热了，庭中槐树上两三个蝉儿竞赛似的高叫着。雨生无意地翻开报名簿，看看仍旧只有八个名字。他并不失望，这么想："这不是失败，还没有做出来，失败什么呢！八个，就好好地教这八个！教不好这八个，才是失败呢！"

这当儿校役引了高菊翁进来。

"雨生，我走过这里，就顺便来看看你们的校舍。这所房屋倒很不错，多少钱租的？"高菊翁这么说，苍黑的额上缀着粒粒的汗珠。

雨生连忙让他脱长衫马褂，又让他坐下了，欢喜地说："这里房屋实在不错，后面还有个很大的园，可以作运动场，租金也不过二十块钱。"

"哦。"高菊翁并非有心瞻观，随便谈了几句，便矜持地换个话头说："雨生，我同你谈几句话。前几天体育场开平教运动大会时，你看见密布着武装警察么？"

"看见的。"

"你道为的什么？"

"想是维持秩序罢了。"

"不然，不然，"高菊翁微笑，摇着头。略顿一顿，继续说："这完全是镇守使①的意思，他命令派来的。他探知现在有激烈派在这里活动，所以在这样人山人海的会场里，要严密地防备。"

"这里有激烈派？"雨生不觉笑了。

高菊翁微觉愕然；自己振作了一下，带笑说："有没有我们也不知道，不过他说有罢了。这倒不要去管它。现在要向你说的，就是在这个当儿，你最好不要在这里，暂且到别处去避一避。"

"为什么？"雨生听说，疑心没听真切，一双锐敏的眼直望着高菊翁的脸。

"因为我听人家说，镇守使的衣袋里有一张单子，记着激烈派的名字，单子上就有你的名字！"高菊翁说到这里，近视眼几乎眯成一线，从眼镜里偷看雨生的神色。

雨生却大笑了。

"有我的名字！我不知道什么激烈不激烈，记着我的名字也不相干。"

"这倒不是这么说，"高菊翁似乎极关切地驳说。"你固然不知道，他可记住你了。你知道他的背后是谁？现在的世界，军阀的意思就是威权。军阀最恨的是激烈派。你若不走，十有九成会吃些冤枉苦。我同你师生旧情，互相关切，知道了没有不说的道理，故此特地来通知一声。"高菊翁自觉肩背上一松，几个人斟酌尽善的一番话，总算都背诵出来了。

———————————

① 镇守使：当时官制，省内一地区的军事长官。

雨生想了一想，说："高先生的好意，十分感激！"

高菊翁别无留恋，站起来穿好衣服就走。雨生送了他回进来，见庭中槐树承受日光，作葱绿色，感到青春的欢乐与事业的愉悦，便低头一笑，牙齿啮着下唇，心里想："假如听了他的话，那就太可笑了！"

夜

　　一条不很整洁的里里，一幢一楼一底的屋内，桌上的煤油灯发出黄晕的光，照得所有的器物模糊，惨淡，好像反而加浓了阴暗。桌旁坐着个老妇人，手里抱着一个大约不过两周岁的孩子。那老妇人的状貌没有什么特点，额上虽然已画上好几条皱纹，还不见得怎么衰老。只是她的眼睛有点儿怪，深陷的眼眶里，红筋连连牵牵的，发亮；放大的瞳子注视着孩子的脸，定定的，凄然失神。她想孩子因为受着突然的打击，红润的颜色已转成苍白，肌肉也宽松不少了。

　　近来，那孩子特别爱哭，犹如半年前刚断奶的时候。仿佛给谁骤然打了一下，不知怎么一来就拉开喉咙直叫。叫开了头便难得停，好比大暑天的蝉。老妇人于是百般抚慰，把自己年轻时抚慰孩子的语句一一背了出来。可是不大见效，似乎孩子嫌那些语句太古旧又太拙劣了。直到他自己没了力，一面呜咽，一面让眼皮一会儿开一会儿闭而终于阖拢，才算收场。

　　今晚那老妇人却似乎感觉特别安慰；时候到了，孩子的哭还不见开场，假如就这样倦下来睡着，岂不是难得的安静的一晚。然而在另一方面，她又感觉特别不安；不知道快要回来的阿弟将怎么说，不知道几天来醒里梦里系念着的可怜的宝贝到底有没有着落。

　　晚上，在她，这几天真不好过。除了孩子的啼哭，黄晕的灯光里，她仿佛看见隐隐闪闪的好些形象。有时又仿佛看见鲜红的一摊，在这里或是那里——那是血！里外，汽车奔驰而过，笨重的运货车的铁轮有韵律地响着，她就仿佛看见一辆汽车载着被捆绑的两个，他们手足上是累赘而击触有声的镣铐。门首时时有轻重徐疾的脚步声经过，她总觉得害怕，以为或者就是来找她和孩子的。邻家的门环一声响，那更使她心头突地一跳。本来已届少眠年龄的她，这样提心吊胆地细尝恐怖的味道，就一刻也不得入梦。睡时，灯是不敢点的，她怕楼上的灯光招惹是非，也希冀眼前干净些，完全一片黑。然而没有用，隐隐闪闪的那些形象还是显现，鲜红的一摊还是落山的太阳一般似乎尽在那里扩大开来。于是，只得紧紧地抱住梦里时而呜咽的孩子……

这时候，她注视着孩子，在她衰弱而创伤的脑里，涌现着雾海似的迷茫的未来。往哪方走才是道路呢？她丝毫不能辨认。怕有些猛兽或者陷阱隐在雾海里吧？她想那是十分之九会有的。而伴同前去冒险的，只有这方才学话的孩子；简直等于自己孤零零一个。她不敢再想，无聊地问孩子，"大男乖的，你姓什么？"

"张。"大男随口回答。孩子在尚未了解姓的意义的时候，自己的姓往往被教练成口头的熟语，同叫爹爹妈妈一样地习惯。

"不！不！"老妇人轻轻呵斥。她想他的新功课还没练熟，有点儿发愁，只得重行矫正他说，"不要瞎说，哪个姓张！我教你，大男姓孙。记着，孙，孙……"

"孙。"大男并不坚持，仰起脸来看老妇人的脸，就这样学着说，发音带十二分的稚气。

老妇人的眼睛重重地闭了两闭；她的泪泉差不多枯竭了，眼睛闭两闭就表示心头一阵酸，周身经验到哭泣时的一切感觉。"不错，姓孙，孙。再来问你，大男姓什么？"

"孙。"大男顽皮地学舌，同时伸手想去取老妇人头上那翡翠

簪儿。

"乖的，大男乖的。"老妇人把大男紧紧抱住，脸贴着他的花洋布衫，"不管哪个问你，你说姓孙，你说姓孙……"声音渐渐凄咽了。

大男的胳臂给老妇人抱住，不能取那翡翠簪儿，"哇……"突然哭起来了。小身躯死命地挣扎，泪水淌得满脸。

老妇人知道每晚的常课又开头了，安然而过已成梦想，便故意做出柔和的声音呜他道："大男乖的……不要哭呀……花团团来看大男了……坐着红轿子来了……坐着花马车来了……"

大男照例不理睬，喉咙却张得更大了，"哇……妈妈呀……妈妈呀……"

这样的哭最使老妇人又伤心又害怕。伤心的是一声就像一针，针针刺着自己的心。害怕的是单墙薄壁，左右邻舍留心一听就会起疑念。然而治他的哭却不容易；一句明知无效的"妈妈就会来的"战兢兢地说了再说，只使他哭得更响些，而且张大了水汪汪的眼睛四望，看妈妈从哪里来。

老妇人于是站起来踱步，让大男躺在臂弯里；从她那动作的滞钝以及步履的沉重，又见得她确实有点衰老了。她来回地踱着，背诵那些又古旧又拙劣的抚慰孩子的语句。屋内的器物仿佛跟着哭声的震荡而晃动起来，灯焰似乎在化得大，化得大——啊，一摊血！她闭上疲劳的眼，不敢再看。耳际虽有孩子撕裂似的哭声，却如同在神怪的空山里一样，幽寂得使血都变冷。

搭，搭，外面有叩门声，同时，躺在跨街楼底下的那条癞黄狗汪汪地叫起来。她吓得一跳，但随即省悟这声音极熟，一定是阿弟回来了，便匆遽地走去开门。

门才开一道缝，外面的人便闪了进来；连忙，轻轻地，转身把门关上，好像提防别的什么东西也乘势掩了进来。

"怎么样？"老妇人悄然而焦急地问。她恨不得阿弟挖一颗心给她看，让她一下子知道他所知道的一切。

阿弟走进屋内，向四下看了一周，便一屁股坐下来，张开口腔喘气。是四十左右商人模样的人，眼睛颇细，四围刻着纤细的皱纹形成永久的笑意，鼻子也不大，额上渍着汗水发亮，但是他正感觉一阵阵寒冷呢。他见大男啼哭，想起袋子里的几个荸荠，便掏出来授给他，"你吃荸荠，不要哭吧。"

大男原也倦了，几个荸荠又多少有点引诱力，便伸出两只小手接了，一面抽咽一面咬荸荠。这才让老妇人仍得坐在桌旁。

"唉！总算看见了。"阿弟摸着额角，颓然，像完全消失了力气。

"看见了？"老妇人的眼睛张得可怕地大，心头是一种超乎悲痛的麻麻辣辣的况味。

"才看见了来。"

老妇人几乎要拉了阿弟便引她跑出去看，但恐怖心告诉她不应该这样鲁莽，只得怅然地"喔"！

"阿姊，你说世界上没有一个好人，是不是？其实也不一定，像今天遇见的那个弟兄，他就是个好人。"他感服地竖起右手的大拇指。

"就是你去找他的那一个不是？"

"是呀。我找着了他，在一家小茶馆里。我好言好语同他说，有这样这样两个人，想来该有数。现在，人是完了，求他的恩典，大慈大悲，指点我去认一认他们的棺材。"他眉头一皱，原有的眼睛四围的皱纹见得更为显著，同时搔头咂嘴，表示进行并不顺利。"他却不大理睬，说别麻烦吧，完了的人也多得很，男的，女的，穿长衫的，披短褂的，谁记得清这样两个，那样两个；况且棺材是不让去

认的。我既然找着了他，哪里肯放手。我又朝他说了，我说这两个人怎样可怜，是夫妻两个，女的有年老的娘，他们的孩子天天在外婆手里啼哭，叫着妈妈，妈妈……请他看老的小的面上发点慈悲心……唉！不用说吧，总之什么都说了，只少跪下来对他叩头。"

老妇人听着，凄然垂下眼光看手中的孩子；孩子朦胧欲睡了，几个荸荠已落在她的袖弯里。

"这一番话却动了他的心，"阿弟带着矜夸的声调继续说；永久作笑意的脸上浮现真实的笑，但立刻就收敛了。"这叫人情人情，只要是人，跟他讲情，没有讲不通的。他不像开头那样讲官话了，想了想叹口气说，'人是有这样两个的。谁不是爷娘的心肝骨肉！听你说得伤心，就给你指点了吧。不过好好儿夫妻两个，为什么不安分过日子，却去干那些勾当！'我说这可不大明白，我们生意人不懂他们念书人的心思，大概是——"

"嘘……"老妇人舒一口气，她感觉心胸被压得太紧结了。她同阿弟一样不懂女儿女婿的心思，但她清楚地知道，他们同脸生横肉声带杀气的那些囚徒决不是一类人。不是一类人为什么得到同样的结果？这是她近来时刻想起，老想不通，以致非常苦闷的问题。可是没有人给她解答。

"他约我六点钟在某路转角等他。我自然千恩万谢，哪里还敢怠慢，提早就到那里去等着。六点过他果真来了，换了平常人的衣服。他引着我向野外走，一路同我谈。啊——"

他停住了。他不敢回想；然而那些见闻偏同无赖汉一般撩拨着他，叫他不得不回想。他想如果照样说出来，太伤阿姊的心了，说不定她会昏厥不省人事。——两个人向野外走。没有路灯。天上也没有星月，是闷郁得像要压到头顶上来的黑暗。远处树木和建筑物的黑影动也不动，像怪物摆着阵势。偶或有两三点萤火飘起又落下，这不是鬼在跳舞，快活得眨眼么？狗吠声同汽车的呜呜声远得几乎渺茫，好像在天末的那边。却有微细的嘶嘶声在空中流荡，那是些才得到生命的小虫子。早上还下雨，湿泥地不容易走，又看不清，好几回险些儿跌倒。那弟兄唇边粘着支烟卷，一壁吸烟一壁幽幽地说，"他们两个都和善，到这儿满脸的气愤，可还是透着和善。他们你看我，我看你，看了几眼就低头，想说话又说不上。你知道，这样的家伙我们就怕。我们不怕打仗，抬起枪来一阵地扳机关，我想你也该会，就只怕你抬不动枪。敌人在前面呀，打中的，打不中的，你都不知道他们面长面短。若说人是捆好在前面，一根头发一根眉毛都看得清楚，要动手，那就怕。没有别的，到底明明白白是一个人呀。尤其是那些和善得很的，又加上瘦骨伶仃，吹口气就会跌倒似的，那简直干不了。那一天，我们那个弟兄，上头的命令呀，退缩了好几回，才皱着眉头，砰的一响放出去。哪知道这就差了准儿，中在男的胳膊上。他痛得一阵挣扎。女的好像发了狂，直叫起来。老实说，我心里难受了，回转头不想再看。又是三响，才算结果了，两个染了满身红。"那弟兄这样叙述，他听得似乎气都透不来了，两腿僵僵的提起了不敢放下，仿佛踏下去就会触着个骷髅。然而总得要走，只好紧紧跟随那弟兄的步子，前胸差不多贴着他的背。

老妇人见阿弟瞪着细眼凝想，同时搔着头皮，知道有下文，愕然问，"他谈些什么？他看见他们那个的么？"

他们怎样"那个"的，这问题，她也想了好几天好几夜了，但终于苦闷。枪，看见过的，兵和警察背在背上，是乌亮的一根管子。难道结果女儿女婿的就是那东西么？她不信。女儿女婿的形象，真是画都画得出。哪一处地方该吃枪弹呢？她不能想象。血，怎样从他们身体里流出来？气，怎样消散消散而终于断绝？这些都模糊之极，像个朦胧的梦。因此，她有时感觉到女儿女婿实在并没有"那

个"，会有一天，搭，搭，搭，叩门声是他们特别的调子，开进来，是肩并肩的活泼可爱的两个。但只是这么感觉到而已，而且也有点模糊，像个朦胧的梦。

"他没看见，"阿弟连忙躲闪。"他说那男的很慷慨，几件衣服都送了人，他得到一条外国裤子，身上穿的就是。"

"那是淡灰色的，去年八月里做的。"老妇人眯着眼凝视着灯火说。

"这没看清，因为天黑，野外没有灯。湿泥地真难走，好几回险些儿滑跌；幸亏是皮底鞋，不然一定湿透。走到一处，他说到了。我仔细地看，十来棵大黑树站在那边，树下一条一条死白的东西就是棺材。"阿弟低下头来了，微秃的额顶在灯光里发亮。受了那弟兄"十七号，十八号，你去认一认吧"的指示而向那些棺材走去时的心情，他不敢说，也不能说。种种可怕的尸体，皱着眉咬着牙的，裂了肩穿了胸的，鼻子开花的，腿膀成段的，仿佛就将踢开棺材板一齐撞到他身上来。心情是超过了恐惧而几乎麻木了。还是那弟兄划着几根火柴提醒他说，"这就是，你看，十七，十八。"他才迷惘地向小火光所指的白板面看。起初似乎是蠕蠕而动的蛇样的东西，定睛再看，这才不动了，是墨笔写的十七，那一边，十八，两个外国号码。"甥女儿，我看你来了，"他默默祝祷，望她不要跟了来，连忙逃回小路。——这些不说吧，他想定了，继续说，"他说棺材上都写着号码，他记得清楚，十七十八两号是他们俩。我们逐一认去，认到了，一横一竖放着，上面外国号码十七十八我识得。"

"十七，十八！"老妇人忘其所以地喊出来，脸色凄惨，眼眶里亮着仅有的泪。她重行经验那天晚上那个人幽幽悄悄来报告恶消息时的况味；惊吓，悲伤，晕眩，寒冷，种种搅和在一起，使她感觉心头异样空虚，身体也似乎飘飘浮浮的，一点不倚着什么。她知道搭，搭，搭，叩门声是他们特别的调子，开进来，是肩并肩的活泼可爱的两个，这种事情绝对不会有的了。已被收起了，号码十七，十八，这是铁一般的真凭实据！一阵忿恨的烈焰在她空虚的心里直冒起来，泪膜底下的眼珠闪着猛兽似的光芒，"那辈该死的东西！"

阿弟看阿姊这样，没精没采回转头，叹着说，"我看棺还好的，板不算薄。"——分明是句善意的谎话。不知道怎么，阿弟忽然起了不可遏抑的疑念，那弟兄不要记错了号码吧。再想总不至于，但这疑念仍然毒蛇般钻他的心。

"我告诉你，"老妇人咬着牙说，身体索索地震动。睡着的孩子胳臂张动，似乎要醒来，结果翻了个身。老妇人一面理平孩子的花洋布衫，继续说："我不想什么了，明天死好，立刻死也好。这样的年纪，这样的命！"以下转为郁抑的低诉。"你姊夫去世那年，你甥女儿还只五岁。把她养大来，像像样样成个人，在孤苦的我，不是容易的事啊！她嫁了，女婿是个清秀的人，我喜欢。她生儿子了，是个聪明活泼的孩子（她右手下意识地抚摩孩子的头顶），我喜欢。他们俩高高兴兴当教员，和和爱爱互相对待，我更喜欢，因为这样才像人样儿。唉！像人样儿的却成十七，十八！真是突地天坍下来，骇得我魂都散了。为了什么呢？是我的女儿，我的女婿呀，总得让我知道。却说不必问了。就是你，也说不必问了，问没有好处。——怕什么呢！我是映川的娘，姓张的是我的女婿，我要到街上去喊，看有谁把我怎样！"忿恨的火差不多燃烧着她全身，说到后段，语声转成哀厉而响亮，再不存丝毫顾忌。她拍着孩子的背，又说，"说什么姓孙，我们大男姓张，姓张！啊！我只恨没有本领处置那辈该死的东西，给年青的女儿女婿报仇！"

阿弟听呆了，怀着莫可名状的恐惧，侧耳听了听外面有无声息，勉勉强强地说，"这何必，这何必，就说姓孙又有什么关系？——

喔，我想起了，"他伸手掏衣袋。他记起刚才在黑暗的途中，那弟兄给他一团折皱的硬纸，说是那男的托他想法送与亲人的，忘了，一直留在外国裤子袋里。他的手软软地不敢便接，好像遇见了怪秘的魔物；又不好不接，便用手心去承受，松松地捏着，偷窃似的赶忙往衣袋里一塞。于是，本来惴惴的心又加增老大的不自在。

"他们留着字条呢！"他说着，衣袋里有铜元触击的声音。

"啊！字条！"老妇人身体一挺，周身的神经都拉得十分紧张。一种热望（自己切念的人在门外叩门，急忙迎出去时怀着的那种热望）一忽儿完全占领了她。不接触女儿女婿的声音笑貌，虽只十天还不到，似乎已隔绝了不知几多年。现在这字条将诉说他们的一切，解答她的种种疑问，使她与他们心心相通，那自然成了她目前整个的世界。

字条拿出来了，是撕破了的一个联珠牌卷烟匣子，印着好几个指印，又有一处焦痕，反面写着八分潦草的一行铅笔字。

阿弟凝着细眼凑近煤油灯念那字条。"'儿等今死，无所恨，请勿念。'嗤！这个话才叫怪。没了命，倒说没有什么恨！'恳求善视大男，大男即儿等也。'他们的意思，没有别的，求你好好看养大男；说大男就是他们，大男好，就等于他们没死。只这'无所恨'真是怪，真是怪！"

"拿来我看，"老妇人伸手攫取那字条，定睛直望，像嗜好读书的人想把书完全吞下去那样地专注。但是她并不识字。

室内十分静寂；小孩的鼾声微细到几乎听不见。

虽然不识字，她看明白那字条了。岂但看明白，并且参透了里头的意义，懂得了向来不懂得的女儿女婿的心思。就仿佛有一股新的生活力周布全身，心中也觉得充实了好些。睁眼四看，一些器物同平时一样，静处在灯光里。侧耳听外面，没有别的，有远处送来的唱戏声，和着圆熟的胡琴。

"大男，我的心肝，楼上去睡吧。"她站起来朝楼梯走，嘴唇贴着孩子的头顶，字条按在孩子的胸口，憔悴的眼透出母性的热光，脚步比先前轻快。她已决定勇敢地再担负一回母亲的责任了。

"哇……"孩子给颠醒了，并不睁开眼，皱着小眉心直叫，"妈妈呀……"

1927 年 10 月 4 日写毕

多收了三五斗

　　万盛米行的河埠头，横七竖八停泊着乡村里出来的敞口船。船里装载的是新米，把船身压得很低。齐船舷的菜叶和垃圾给白腻的泡沫包围着，一漾一漾地，填没了这船和那船之间的空隙。

　　河埠上去是仅容两三个人并排走的街道。万盛米行就在街道的那一边。朝晨的太阳光从破了的明瓦天棚斜射下来，光柱子落在柜台外面晃动着的几顶旧毡帽上。

　　那些戴旧毡帽的大清早摇船出来，到了埠头，气也不透一口，便来到柜台前面占卜他们的命运。

　　"糙米五块，谷三块。"米行里的先生有气没力地回答他们。

　　"什么！"旧毡帽朋友几乎不相信自己的耳朵。美满的希望突然一沉，一会儿大家都呆了。

　　"在六月里，你们不是卖十三块么？"

　　"十五块也卖过，不要说十三块。"

　　"哪里有跌得这样利害的！"

　　"现在是什么时候，你们不知道么？各处的米像潮水一般涌来，过几天还要跌呢！"

　　刚才出力摇船犹如赛龙船似的一股劲儿，现在在每个人的身体里松懈下来了。今年天照应，雨水调匀，小虫子也不来作梗，一亩田多收这么三五斗，谁都以为该得透一透气了。哪里知道临到最后

66

的占卜，却得到比往年更坏的课兆！

"还是不要粜的好，我们摇回去放在家里吧！"从简单的心里喷出了这样的愤激的话。

"嗤，"先生冷笑着，"你们不粜，人家就饿死了么？各处地方多的是洋米，洋面，头几批还没吃完，外洋大轮船又有几批运来了。"

洋米，洋面，外洋大轮船，那是遥远的事情，仿佛可以不管。而不粜那已经送到河埠头来的米，却只能作为一句愤激的话说说罢了。怎么能够不粜呢？田主方面的租是要缴的，为了雇帮工，买肥料，吃饱肚皮，借下的债是要还的。

"我们摇到范墓去粜吧。"在范墓，或许有比较好的命运等候着他们，有人这么想。

但是，先生又来了一个"嗤"，捻着稀微的短髭说道："不要说范墓，就是摇到城里去也一样。我们同行公议，这两天的价钱是糙米五块，谷三块。"

"到范墓去粜没有好处，"同伴间也提出了驳议。"这里到范墓要过两个局子，知道他们捐我们多少钱！就说依他们捐，哪里来的现洋钱？"

"先生，能不能抬高一点？"差不多是哀求的声气。

"抬高一点，说说倒是很容易的一句话。我们这米行是拿本钱来开的，你们要知道，抬高一点，就是说替你们白当差，这样的傻事谁肯干？"

"这个价钱实在太低了，我们做梦也没想到。去年的粜价是七块半，今年的米价又卖到十三块，不，你先生说，十五块也卖过；我们想，今年总该比七块半多一点吧。哪里知道只有五块！"

"先生，就是去年的老价钱，七块半吧。"

"先生，种田人可怜，你们行行好心，少赚一点吧。"

另一位先生听得厌烦，把嘴里的香烟屁股扔到街心，睁大了眼睛说："你们嫌价钱低，不要粜好了。是你们自己来的，并没有请你们来。只管多啰嗦做什么！我们有的是洋钱，不买你们的，有别人的好买。你看，船埠头又有两只船停在那里了。"

三四顶旧毡帽从石级下升上来，旧毡帽下面是表现着希望的酱赤的脸。他们随即加入先到的一群。斜伸下来的光柱子落在他们的破布袄的肩背上。

"听听看，今年什么价钱。"

"比去年都不如，只有五块钱！"伴着一副懊丧到无可奈何的神色。

"什么！"希望犹如肥皂泡，一会儿又迸裂了三四个。

希望的肥皂泡虽然迸裂了，载在敞口船里的米可总得粜出；而且命里注定，只有卖给这一家万盛米行。米行里有的是洋钱，而破布袄的空口袋里正需要洋钱。

在米质好和坏的辩论之中，在斛子浅和满的争持之下，结果船埠头的敞口船真个敞口朝天了；船身浮起了好些，填没了这船那船之间的空隙的菜叶和垃圾就看不见了。旧毡帽朋友把自己种出来的米送进了万盛米行的廒间，换到手的是或多或少的一叠钞票。

"先生，给现洋钱，袁世凯，不行么?"白白的米换不到白白的现洋钱，好像又被他们打了个折扣，怪不舒服。

"乡下曲辫子！"夹着一枝水笔的手按在算盘珠上，鄙夷不屑的眼光从眼镜上边射出来，"一块钱钞票就作一块钱用，谁好少作你们一个铜板。我们这里没有现洋钱，只有钞票。"

"那末，换中国银行的吧。"从花纹上辨认，知道手里的钞票不是中国银行的。

"吓!"声音很严厉,左手的食指强硬地指着,"这是中央银行的,你们不要,可是要想吃官司?"

不要这钞票就得吃官司,这个道理弄不明白。但是谁也不想弄明白;大家看了看钞票上的人像,又彼此交换了将信将疑的一眼,便把钞票塞进破布袄的空口袋或者缠着裤腰的空褡裢。

一批人咕噜着离开了万盛米行,另一批人又从船埠头跨上来。同样地,在柜台前迸裂了希望的肥皂泡,赶走了入秋以来望着沉重的稻穗所感到的快乐。同样地,把万分舍不得的白白的米送进万盛的廒间,换到了并非白白的现洋钱的钞票。

街道上见得热闹起来了。

旧毡帽朋友今天上镇来,原来有很多的计划的。洋肥皂用完了,须得买十块八块回去。洋火也要带几匣。洋油向挑着担子到村里去的小贩买,十个铜板只有这么一小瓢,太吃亏了;如果几家人家合买一听分来用,就便宜得多。陈列在橱窗里的花花绿绿的洋布听说只要八分半一尺,女人早已眼红了好久,今天粜米就嚷着要一同出来,自己几尺,阿大几尺,阿二几尺,都有了预算。有些女人的预算里还有一面蛋圆的洋镜,一方雪白的毛巾,或者一顶结得很好看的绒线的小团帽。难得今年天照应,一亩田多收这么三五斗,让一向捏得紧紧的手稍微放松一点,谁说不应该?缴租、还债、解会钱,大概能够对付过去吧;对付过去之外,大概还有多余吧。在这样的心境之下,有些人甚至想买一个热水瓶。这东西实在怪,不用生火,热水冲下去,等会儿倒出来照旧是烫的;比起稻柴做成的茶壶窠来,真是一个在天上,一个在地下。

他们咕噜着离开万盛米行的时候,犹如走出一个一向于己不利的赌场——这回又输了!输多少呢?他们不知道。总之,袋里的一叠钞票没有半张或者一角是自己的了。还要添补上不知在哪里的多

少张钞票给人家，人家才会满意，这要等人家说了才知道。

输是输定了，马上开船回去未必就会好多少；镇上走一转，买点东西回去，也不过在输账上加上一笔，况且有些东西实在等着要用。于是街道上见得热闹起来了。

他们三个一群，五个一簇，拖着短短的身影，在狭窄的街道上走。嘴里还是咕噜着，复算刚才得到的代价，咒骂那黑良心的米行。女人臂弯里钩着篮子，或者一只手牵着小孩，眼光只是向两旁的店家直溜。小孩给赛璐珞的洋团团，老虎，狗，以及红红绿绿的洋铁铜鼓，洋铁喇叭勾引住了，赖在那里不肯走开。

"小弟弟，好玩呢，洋铜鼓，洋喇叭，买一个去。"故意作一种引诱的声调。接着是——冬，冬，冬，——叭，叭，叭。

当，当，当，——"洋瓷面盆刮刮叫，四角一只真公道，乡亲，带一只去吧。"

"喂，乡亲，这里有各色花洋布，特别大减价，八分五一尺，足尺加三，要不要剪些回去？"

万源祥大利老福兴几家的店伙特别卖力，不惜工本叫着"乡亲"，同时拉拉扯扯地牵住"乡亲"的布袄；他们知道惟有今天，"乡亲"的口袋是充实的，这是不容放过的好机会。

在节约预算的踌躇之后，"乡亲"把刚到手的钞票一张两张地交到店伙手里。洋火，洋肥皂之类必需用，不能不买，只好少买一点。整听的洋油价钱太"咬手"，不买吧，还是十个铜板一小瓢向小贩零沽。衣料呢，预备剪两件的就剪了一件，预备娘儿子俩一同剪的就单剪了儿子的。蛋圆的洋镜拿到了手里又放进了橱窗。绒线的帽子套在小孩头上试戴，刚刚合式，给爷老子一句"不要买吧"，便又脱了下来。想买热水瓶的简直不敢问一声价。说不定要一块块半吧。如果不管三七二十一买回去，别的不说，几个白头发的老太公老太婆就要一阵阵地骂："这样的年时，你们贪安逸，花了一块块半买这些东西来用，永世不得翻身是应该的！你们看，我们这么一把年纪，谁用过这些东西来！"这啰嗦也就够受了。有几个女人拗不过孩子的欲望，便给他们买了最便宜的小洋团团。小洋团团的腿臂可以转动，要他坐就坐，要他站就站，要他举手就举手；这不但使拿不到手的别的孩子眼睛里几乎冒火，就是大人看了也觉得怪有兴趣。

"乡亲"还沽了一点酒，向熟肉店里买了一点肉，回到停泊在万盛米行船埠头的自家的船上，又从船梢头拿出盛着咸菜和豆腐汤之类的碗碟来，便坐在船头开始喝酒。女人在船梢头煮饭。一会儿，这条船也冒烟，那条船也冒烟，个个人淌着眼泪。小孩在敞口朝天的空舱里跌交打滚，又捞起浮在河面的脏东西来玩，惟有他们有说不出的快乐。

酒到了肚里，话就多起来。相识的，不相识的，落在同一的命运里，又在同一的河面上喝酒。你端起酒碗来说几句，我放下筷子来接几声，中听的，喊声"对"，不中听，骂一顿：大家觉得正需要这样的发泄。

"五块钱一担，真是碰见了鬼！"

"去年是水灾，收成不好，亏本。今年算是好年时，收成好，还是亏本！"

"今年亏本比去年都厉害；去年还粜七块半呢。"

"又得把自己吃的米粜出去了。唉，种田人吃不到自己种出来的米！"

"为什么要粜出去呢，你这死鬼！我一定要留在家里，给老婆吃，给儿子吃。我不缴租，宁可跑去吃官司，让他们关起来！"

"也只好不缴租呀。缴租立刻借新债。借了四分钱五分钱的债去缴租，贪图些什么，难道贪图明年背着更重的债！"

"田真个种不得了！"

"退了租逃荒去吧。我看逃荒的倒是满写意的。"

"逃荒去，债也赖了，会钱也不用解了，好打算，我们一块儿去！"

"谁出来当头脑？他们逃荒的有几个头脑，男男女女，老老小小，都听头脑的话。"

"我看，到上海去做工也不坏。我们村里的小王，不是么？在上海什么厂里做工，听说一个月工钱有十五块。十五块，照今天的价钱，就是三担米呢！"

"你翻什么隔年旧历本！上海东洋人打仗，好多的厂关了门，小王在那里做叫化子了，你还不知道？"

路路断绝。一时大家沉默了。酱赤的脸受着太阳光又加上酒力，个个难看不过，好像就会有殷红的血从皮肤里迸出来似的。

"我们年年种田，到底替谁种的？"一个人呷了一口酒，幽幽地提出疑问。

就有另一个人指着万盛的半新不旧的金字招牌说："近在眼前，就是替他们种的。我们吃辛吃苦，赔重利钱借债，种了出来，他们嘴唇皮一动，说'五块钱一担！'就把我们的油水一古脑儿吞了去！"

"要是让我们自己定价钱，那就好了。凭良心说，八块钱一担，我也不想多要。"

"你这囚犯，在那里做什么梦！你不听见么？他们米行是拿本钱来开的，不肯替我们白当差。"

"那末，我们的田也是拿本钱来种的，为什么要替他们白当差！为什么要替田主白当差！"

"我刚才在厫间里这么想：现在让你们占便宜，米放在这里；往后没得吃，就来吃你们的！"故意把声音压得很低，网着红丝的眼睛向岸上斜溜。

"真个没得吃的时候，什么地方有米，拿点来吃是不犯王法的！"理直气壮的声口。

"今年春天，丰桥地方不是闹过抢米么？"

"保卫团开了枪，打死两个人。"

"今天在这里的，说不定也会吃枪，谁知道！"

散乱的谈话当然没有什么议决案。酒喝干了，饭吃过了，大家开船回自己的乡村。船埠头便冷清清地荡漾着暗绿色的脏水。

第二天又有一批敝口船来到这里停泊。镇上便表演着同样的故事。这种故事也正在各处市镇上表演着，真是平常而又平常的。

"谷贱伤农"的古语成为都市间报上的时行标题。

地主感觉收租棘手，便开会，发通电，大意说：今年收成特丰，粮食过剩，粮价低落，农民不堪其苦，应请共筹救济的方案。

金融界本来在那里要做买卖，便提出了救济的方案：（一）由各大银行钱庄筹集资本，向各地收买粮米，指定适当地点屯积，到来年青黄不接的当儿陆续售出，使米价保持平衡；（二）提倡粮米抵押，使米商不至群相采购，造成无期的屯积；（三）由金融界负责募款，购屯粮米，到出售后结算，依盈亏的比例分别发还。

工业界是不声不响。米价低落，工人的"米贴"之类可以免除，在他们是有利的。

社会科学家在各种杂志上发表论文，从统计，从学理，提出粮食过剩之说简直是笑话；"谷贱伤农"也未必然，谷即使不贱，在帝国主义和封建势力双重压迫之下，农也得伤。

这些都是都市里的事情，在"乡亲"是一点也不知道。他们有的粜了自己吃的米，卖了可怜的耕牛，或者借了四分钱五分钱的债

缴租；有的挺身而出，被关在拘押所里，两角三角地，忍痛缴纳自己的饭钱；有的沉溺在赌博里，希望骨牌骰子有灵，一场赢它十块八块；有的求人去说好话，向田主退租，准备做一个干干净净的穷光蛋；有的溜之大吉，悄悄地爬上开往上海的四等车。

1933 年 7 月 1 日发表

"感同身受"

"今天才到?"

"刚刚到。一到就跑到书局里来找你。"

两只右手拉在一起,似乎要松开了,彼此又紧握一阵,这样三四回,才真个放了手。

"怎么样?放了假了?"主人看定满头油汗的来客,给他拉开一把藤椅子,让他坐下。

"放了假了。"来客把皮书包放在桌子上,一屁股坐下,连忙解开西服衬衫袖口上的纽扣。对面白墙上,那块蓝地白字的牌子依然钉在那里:"同人会客时间务希尽量缩短。"

"到底你们教授先生,"主人也坐下,心里在想,这回老许又胖得多了,脖子同下巴几乎分不清界限,肚子突了出来像灌饱啤酒的西洋人,"你们有暑假,两个多月尽闲着享福。在家里闲得不耐烦,又可以到上海来玩一趟,找点新鲜味。我们可差得远了:每天只是稿子和校样,放下蓝墨水笔,就拿起红墨水笔;冷暖都不管,季节跟我们全然没有关系。"

"好了,好了,你这话若不是冤我,就是在描摹古代的情形——我说你所说的绝不是现在的情形。此刻现在,谁还能够闲着享福,谁还能够找什么新鲜味!我巴不得不要到上海来。我预备考察了上海不景气的实况,回去写我的社会科学讲义吗?老林,说也惭愧,

我没有这么多的热心。我跑这一趟全都为不得已；我来推销我们的货品。"

林略微感到惊异，上身不由得凑近一点许，"怎么？你在暑假里做一点外快业务吗？推销的是什么货色？"

许笑了，厚厚的面颊耸了起来。"哪里有什么外快业务，只是本行生意罢了。好比你们书局，印出书来得想法推销；我们教出学生来，怎么能不给他们想法推销？"

"原来如此，"林点点头，想自己的思路不免迟钝了一点。"那末，你怎么推销呢？"

"全然没有把握，只好到处瞎碰。第一个就想到你，所以一下火车就跑来找你。"

"你说我们这书局里吗？"

"是的。我身上担负着三个毕业生呢。我们这一届毕业生共有三十六个。春假刚过，他们就三天两头跑到我们教师家里来了，'老师给栽培栽培，''老师，请不要错过有一线希望的机会，'无非这一套。这一个刚走，那一个又来了，实在对付不了。于是我们十二个教师共同商量，索性把他们平均分配一下：每人三个，分别负责。这一点责任如果担负不了，往后怎么好意思再跨上教台，受那些未来毕业生'老师，老师'那么亲密的称呼？然而一个也难，何况三个？我想，你们书局里总该可以想点法子吧？不要说三个，能解决一个就行，还有三分之二我再到别处去想法。报酬也不希望多，有三十块钱就足够了。三十块钱用一个大学毕业生，老林，你想，多么便宜的交易？"

林冷然说，"也差不多。我知道有一个法国留学生，在南京一个机关里誊写法文稿件的蜡纸，月薪是三十五块钱。"

"真的吗？这且不要管他。你们这里，添个把助理编辑，想来总用得着。不是吹牛，我的货品都刮刮叫：一个是第三名，一个第七，一个第八，他们都有撰稿的经验，在报纸杂志上露脸，也不止一两回了。如果助理编辑不需要，当校对员也行。我知道，校对是一种特殊的技术，不是谁都搞得来的。但是他们愿意学习，他们曾经这么说，'只要是一条出路，挑担子，拿斧头，都愿意学习。'就是缮写员也可以。毛笔工楷当然不见怎么好，几个钢笔字却还看得上眼。总而言之，老林，我的三分之一责任要放在你身上了。"

许把来意倾筐倒箧说完了，心头仿佛松快一点。这才觉得坐定在这小小的会客室里，比较坐在黄包车上一路晒过来尤其热不可耐。他就脱下白帆布的外衣，把它扔在另一把藤椅子的靠背上。身上纺绸衬衫的两腋部分，各沾着饭碗大的一摊湿漉漉的汗迹。

"不行，"约莫挨了半分钟光景，林摇摇头说，"老许，你没有留心看报纸吗？全部书籍对折大廉价，什么什么书籍八大厚册十大厚册，只卖八毛钱一块钱，这些都是今年常见的广告。书业正同其他各业一样，犯着循环系统极度衰弱的病症，不得不一回两回地打强心针。这当儿，能够支持现局就算好了，哪里还谈得到添人？"说到这里，就停住了，似乎不愿意多说的样子。

"这样吗？"许怅然望着林的大圆眼镜。

"千真万真。对于你，还说什么假话？"

"唉，这样的大学教育真糟糕！给一个大学生读到毕业，公家总得花上几千块钱，他自己家里拿出来的也不在少数，结果连三十块钱的事情都找不到：还说不上失业，简直是无业！这是何等严重的问题！"

"老许。我的看法跟你不同。我们中国无业的人失业的人不知道有多少，而且也不自今日始，好像一直不成为严重的问题。大学毕业生号称知识分子，受人家注目，他们的嘴和笔又都来得，他们无

业或者失业了，就成为严重的问题。其实，天下没有一个人命中注定，他是不该无业或者失业的。在身上多花了几个钱，就能取得个'不该'的资格吗？"

"你哪里来这种冷酷的想头？"

"并不冷酷，"林笑一笑说，"只是公平的想头罢了。不过这一层也是事实：在先前，无业失业的浪潮距离知识分子还远一点，现在是把知识分子非知识分子一古脑儿卷进去了。"

"我们也会卷进去！"许呆看着桌子上的皮书包。忽然省悟这样谈下去未免离开了题目，就抬起眼光来，"这且不说。我问你，我的三分之一责任，你们这里真没法可想吗？"

"在原则上，我自当给你尽力。不妨把三个学生的姓名开给我，先在人事科登记一下，待有什么机会，就尽先通知。"

"机会不至于渺茫吧？"许说着，解开皮书包，取出一支珊瑚色的派克牌自来水笔来。

"老实回答你，你至多只能作十分之一的希冀。"

"我可希冀着十分之十，而且为期不太远。老林，说一句老套的话，你如果能给我解决三分之一，我真是'感同身受'呢！"

午后，许坐在一个大学的会客室里。白桌布上积着一层灰尘，靠近每一个座位的部分给来此座谈的人的衣袖和手臂擦得稀薄一点。窗外垂柳上，几个知了在那里赌赛似的直叫。

他是来拜访新接手的校长的，可是校长没有工夫，由秘书长代见；秘书长杨是许在北京的老同学，比较校长亲自接见少些拘束。一阵的拉手，带笑又带感喟地诉说彼此的近况。接着许叙述自己的来意：推销货品，希望解决三分之一，最低限度三十块就行。末了说，"你们这里是个新局面，个把小职员，想来总可以位置一下。老杨，务必请你在校长面前郑重提一提，我真是'感同身受'呢！"

"哈哈，'感同身受'！"杨的笑声带着讥讽的意味。

"你笑什么？"许疑怪地望着杨。

"我笑的是'感同身受'这句成语又来了。你可知道，我每天同它要碰几回面？——不说虚头，平均总有两百回。它时时刻刻跟着我，一点儿也不放松。此刻我出来会见你，以为总该碰不着它了，谁知道它正躲在你的嘴里！"

"你的话什么意思？"

"哈哈，老许，你怎么'懵懂一时'了？我说的是每天收到的介绍信，那些信里百分之九十九有一句'感同身受'。"

"喔，原来如此，"许点头，前额的汗滴汇合成一条小小的河流，流到左边的眉毛丛中。"那末，你讨厌这句话吗？"

"不，不。这是一句表示真诚的话，我为什么要讨厌它呢？不过来得太多了，叫我们简直应接不暇。半个月来，除掉零数不算，收到的介绍信有三千封了。现在又收到你口头的一封，三千的数目上又加上个一。你想，我们应酬了哪几封好？"

"呃，呃呃，"许撮尖了嘴唇，像在那里呼鸡。"竟有三千封，意想不到！意想不到！"

"若说写信的人，大半像《秦琼卖马》里唱的'提起了此马来头大'，最好都给他们应酬一下。但是真要应酬起来，教职员就比学生多出好几倍了。而且哪里来这么多的经费？"

"那末，怎么办呢？"许不由得代人家忧虑。

"谁说得出怎么办呢？"杨凝视着空间，悄悄地说。

"三千封信可以堆满一张写字桌了。如果一古脑儿交给老林，由他的书局付印出版，书名就叫'感同身受'，倒是一笔好生意呢。"

许自己觉得这个想头很有趣味，嘴里说了出来，心头还在欣赏不已。

"你说笑话了，这哪里是处理这些信的正当办法？"

"老杨，我问你一个题目，"趣味的心情像轻风似的一拂而过，许的声气又转得严正了，"大学教育到底有什么意义？"

"你的题目太大了。"

"不是太大，是太含糊了。我可以换一个说法：像你和我，是受过大学教育的；且不说大学造就的人无业失业，现在假定个个都像你和我，大学教育到底有什么意义？"

"都像我和你，那末大学教育的意义就在推广大学，直到满中国都是大学为止。若不是满中国都是大学，那一年年一班班的毕业生到哪里去充当教授和秘书长，像你我一样呢？"

"这不就等于说并没有什么意义吗？我每逢上课，提高了嗓门直叫唤，一班学生眼睛光光的望着我，我仿佛看透了他们的心；他们在那里想，'你只为四块钱一点钟，不得不猴子扮戏给我们看。'唉，没有意义！同时我也看见了他们全部的命运，他们压榨了家里，压榨了公家，来在大学里消磨岁月，结果成为销不出去的呆货，累我在这样的大热天，不得不赶出来当义务跑街，到处兜销。唉，没有意义！"

"你不要一味悲观。我告诉你，大学教育还有一种意义，就是养活一班要吃饭的教职员，像我和你；不过有个条件，要不欠薪才成，如果欠上半年四个月，这种意义就差得多了。哈哈，这都是说笑话。从严谨的方面说，我们总希望中国慢慢地好起来，一切事情都走上轨道；这巨大而艰难的工作，需要各方面的有用人才大家来担负，而大学就是这批有用人才的制造所。怎么说大学教育没有意义呢？"杨这么说，眼睛里放射出闪耀的光彩，好像正对着初升的太阳。

"你倒有这样的确信，"许看定他那老同学的带褐色的脸，"我可抛不开我的怀疑。我总觉得我在做一桩无聊的事，如果有什么途径容我摆脱，就好比登仙了。"

"老许，怎么你也陷在'做一行怨一行'的老套里？不要怨吧，三千封信里提起的那些人物，正在追逐那无聊的事呢。"

"我这第三千零一封的口头信，大概是没有什么希望吧？"许这才从无端的感慨里溜回来，归到特地跑来的初意。

"这实在难说。总之我给你在校长面前郑重提起就是了，你的希望是解决三分之一。"杨的声口颇有点慷慨千金的样子。

"那末，我走了。"

许从大学里出来，意兴有点阑珊。一辆公共汽车正在站上停住，他懒懒地跨上去，不顾皮垫子晒得烫热，就像看见了沙发一般颓然坐下。一颠一颠直到新世界，他才下车，在人行道上往东走。一幅"关店大拍卖"的市招引起了他的注意，他一看，是一家皮鞋店，男鞋女鞋都是挺"摩登"的。再往前走，看见一家绸缎店门首立着两块红纸黑字的广告牌，都歪歪斜斜写着"买一尺送五尺"六个大字。他觉得这种算法很有奇趣，不免站住了望那店里，却见一个店伙在打瞌睡，两个店伙在吸纸烟养神。

一家发售航空奖券的店里点着人红蜡烛，高高地供起"二奖志喜"的金字牌；奖券像洗衣作晒在场上的被单一样，一排一排挂在横空的绳子上，给电扇的风吹着，拂拂地飘动，仿佛在向人招手。许又站住了，他心里想："如果花十块钱买他一张而中了头奖，那时候该怎么办？啊，我一定带了这笔钱去做海外寓公。中国到处是乌烟瘴气，桃花源只好到海外去找。美国不行，他们闹复兴只是一个梦。英国，德国，法国也靠不住，只看他们念念不忘军备就可怕。

倒是几个小国好，瑞典，挪威，丹麦，都是一派太平景象。我就随便挑一国住下，一辈子不再买回来的船票。我想他们一定欢迎我，我是带有几十万块钱的寓公呢！"他仿佛吃了橄榄，尝到一种清凉的甜味。但是他并没有买一张航空奖券，只在路上体会着这种甜味，回到了四马路振华旅馆。

擦过脸，擦过身，换上一件汗衫，身上爽快了不少。然而暮色渐渐笼罩下来了，他的心就让一种倦意一种怅惘之感蒙住，刚才的甜味早已溜到不知哪里去了。

他躺在床上想："奔走了一天，看来完全是徒劳。明天后天再去奔走，又哪里一定有把握！昨晚上上车的时候，他们三个的几声'老师，费你的心了，'是从心底里涌出来的；他们的眼角里仿佛都含着眼泪。回答他们说，'你们放心回去吧，'这显然有点儿义士的风度，等于说包在我身上。但是事实上哪里包得来呢？如果回去是两手空空，他们三个将要伤心到何等程度！如果几个同事倒很有点儿成绩，那更……啊，不堪设想！"

他忽然站起来开亮了电灯，就伏在桌子上写信给在北平、天津、杭州、广州当中学教师的几个朋友。写到"若蒙玉成，感同身受"的文句，不由得想起杨所说的"又来了"，就停了笔望着电灯出一会神。

三四个褐色的小虫不停地向电灯飞扑着。

儿 童 节

"爸爸妈妈许下我了,明天带我去看《国色天香》。那是一张歌舞片子。我顶欢喜看歌舞片子。"王大春的肩膀贴着李诚的肩膀,歪左歪右地走着,他说罢,从印着红字的纸袋子里掏出一片蛋黄饼干,往嘴里一塞。

李诚也有纸袋子,可是他并不掏出饼干来吃,只用两只手捧在当胸,像请了一件宝贝。他摇摇头说,"歌舞片子没有什么好看,我看过《科学怪人》,那真好看。死尸经科学家使了科学方法,活起来了,直僵僵地走着。不过胆小的人看了就会害怕。"

"你说你胆大吗?你敢不敢独个儿睡在一间屋子里?"王大春嚼着饼干,发音不很清楚。

"我为什么不敢?"

"等会儿鬼出现了,你怎么办?"

"你说鬼到底有没有?"李诚用胳膊推挤王大春的身了。

"怎么没有?我奶奶十几岁的时候亲眼看见过两回鬼。小脚,拖着很长的袖子,身子袅呀袅的,原来是个女鬼。"王大春表演袅呀袅的姿态,可是身子左右摇晃,两条腿向外弓着,活像卓别林。

"这样吗?"李诚听得出了神。"我妈妈告诉过我两句话,叫'不可不信,不可全信'。她说,有些人真会看见鬼,我们怎么能不信?可是一味闹鬼,那就是迷信了,所以不可全信。"

王大春对于信不信的话不很感兴趣，又掏出一片饼干塞到嘴里。忽然看见距离十来家铺面，有一个相熟的背影一步一顿地前进，他就喊，"张蓉生，等我们一块儿走！"

张蓉生站住了，回转头看。待后面两个赶上的时候，就并着王大春的左肩，重又开步。

"今天晚上提灯会，你加入吗？"王大春拉着张蓉生的衣袖。

"我不加入。晚上天气冷，在路上提灯会伤风。并且提灯会也没有什么好玩。"

"你不要瞎扯瞒我了，"王大春的手往上移，抓住了张蓉生的长衫的前胸，"我知道你为的交不出两毛钱的灯费。"

张蓉生的脸立刻涨得通红，喃喃地说，"你瞎说，你冤枉人家！两毛钱的灯费，什么稀奇！我自己就积有两块钱，一百五十个铜子，藏在妈妈的箱子里。"

"那末你到底为什么不加入提灯会呢？"李诚向左旋转了头。

"我爸爸叫我不要加入，他说提灯会没有什么意思。"张蓉生抑制着自己的感情，好像提灯会真没有什么意思似的。

"你为什么不听先生的话？"李诚不肯放松，还要问个明白。"先生不是说的吗？'儿童要快快活活过儿童节，加入提灯会可以得到最大的快活！'"

"先生的话同爸爸的话比，自然应该服从爸爸的话。"张蓉生眼睛看着鼻子，态度很严正。

"爸爸的话错了呢？"李诚再进逼一句。

"爸爸的话没有错的，"张蓉生直捷地回答。顿了一顿，又说，"就是错了，还是应该服从。"

"为什么？"

"我们要想想，我们是爸爸生出来的，所以我们应该孝顺他，应该服从他的话。就是爸爸要我们死，我们应该立刻去死！"张蓉生说得很激昂，把拳头举过了头顶。

"这样吗？"

"还有，我们应该服从爸爸的命令，我们的爸爸应该服从皇帝的命令。爸爸的话决没有错的，皇帝的话也决没有错的。"

"你这小卖国奴！"王大春听得生起气来，破口就骂。"你可知道，现在是民国时代，没有皇帝了？"

"我爸爸说的，早晚总得有个皇帝，国家才搞得好。"张蓉生的眼睛望着空中，好像教徒在祈祷天国的来临。

"我打你这小卖国奴！"王大春一拳落在张蓉生的右臂上。

"哈哈，"李诚拍着张蓉生的胸脯，"你们父子两个倒是皇帝的忠臣！"

张蓉生觉察自己势孤，拔脚就跑，右手里的饼干袋子向后一扬一扬的。跑了二十多家门面，向左拐弯进一条小巷子去了。

王大春和李诚也不去追他。赶走了卖国奴，不免有点儿胜利的骄傲，两个人大模大样地走着。

忽然李诚的注意给一个讨饭的孩子吸引住了。那孩子大约八九岁。从头发到脚背，从衣领到鞋，没有一处地方不脏。可是一对眼珠乌亮亮的，像两颗云石的棋子，而且非常熟悉。想了一想，李诚才省悟那一对眼珠竟同弟弟的一模一样。他不觉撕开手里的纸袋子，取两片饼干递给那孩子，同时咕噜着："今天儿童节，给你吃两片儿童节的饼干。"

讨饭的孩子接了两片饼干，莫名其妙地看了一下，一同送到嘴里。随即回转身子，向他妈妈奔去。他妈妈坐在地上，背靠着电线杆。蓬头皱脸。破棉袄完全不扣，只用一条草绳在腰间围了两道。怀中裹着个衔住奶头的婴孩，精赤的小肩膀都露出在外面。她看见

孩子背后有个中年绅士走着，像是掏得出一个铜子的，就努一努嘴，向孩子示意。孩子于是伸着手，回转头，"先生，做做……先生，做做……"这样随口唱着。孩子走过他妈妈的身边，眼光也不溜过去看他妈妈一下，好像并没有人坐在那里似的。

王大春和李诚跟在中年绅士背后，看那孩子干他的营生。中年绅士起初是把头转向另一边，给那孩子个不理睬。后来却面对着孩子，仿佛还点了点头。那孩子以为有希望了，"先生，做做……先生，做做……"声调变得热切起来。但是中年绅士的两手还是反剪在背后，并不掏出一个铜子来。

王大春说，"那小叫化倒有恒心，跟了那么些路，还是不肯休歇。"

李诚轻轻说，"那个人的恒心也不错，给跟了那么些路，还是不肯掏出一个铜子来。"

"他们两个在比赛呢，谁先歇手谁就输。"

"你看，"李诚指着前方，"不知道是什么事情！"

前方簇聚着二三十个人，中心矗起一堆红红绿绿的东西，在那里晃动。

王大春和李诚不由得放弃了小叫化和中年绅士的比赛，跑到许多人簇聚的地方，从人家胛肢窝下往里挤，才看清楚被围在中间的是两辆人力车。一个小车夫拉住一个矮胖的车夫，咬牙切齿地说，"是我先接应，你怎么抢我的生意！"

"我不要坐你的车，"人力车的主顾顿着足，手里矗起的一些彩灯霍霍地发响，"这么小的年纪，你跑不快！"

矮胖的车夫得意了，他对小车夫冷笑一声，说，"阿弟，你听见吗？人家不要坐你的车，再不要怪我抢你的生意了。"说着，洒脱了小车夫的手，就去蹲在车柄中间，准备拔脚飞奔。

小车夫向周围看了看，仿佛找寻援助似的，然后一把拉着主顾的衣襟，尖声说，"年纪小，不关事，保你跑得快。先生，坐吧!"他仰起瘦脸，一副恳求的神气。

"巡警来了!"看热闹的人嚷着。

巡警从暂时分开的人体间挤进来。"什么事?"白边帽子得劲地这么一侧。

两边同时诉说自己的不错，对方的岂有此理，又加上旁人的唧唧喳喳，使巡警只好皱起眉头咂嘴。他随即把警棍一挥，马马虎虎地说，"去!"

执着彩灯的那人立刻转身，坐上矮胖的车夫的车。车夫提起车柄，得意地冲出重围而去。彩灯有钟形的，有地球形的，有飞机形的，有军舰形的，摇摇晃晃过去，不由人不用眼光相送。至于小车夫怀着一肚皮的气，拖着车向反方向走去，大家全都没有注意到。

"那些灯做啥用的?"

"今天是什么节，不是清明节，是一个新花样的节，晚上有提灯会。"

"今天叫儿童节。"王大春给那人说明。

"不错，叫儿童节，是你们小弟弟的节日。现在的节日太多了，听说还有妈妈节先生节呢。"

"儿童节啥意思?"

"儿童节是我们寻快活的日子，"这回李诚开口了，"我们在学校里开会，唱歌，演戏，吃茶点，"把手里的纸袋子一扬，"晚上还有提灯会。"

"那末提灯会里全是你们一批小弟弟了?"

不等李诚回答，另一个的问题又来了，"你们可知道，提灯会过

不过青龙坊？”

一个沙嗓子的抢着说，“县政府在那里，县党部也在那里，哪有不过青龙坊的！”

“今晚上我们早些吃晚饭，到青龙坊看提灯会去。”

“小学生提灯会，”一个干瘪的老人用拖长的低音说，随即摇摇头，“没有什么好看。张大帝出会才好看呢，黄亭子抬着玉如意，金丝线绣的万名伞，还有四四十六名刽子手，红衣服一齐敞开，凸出了巴斗一般的大肚子。提灯会有什么好看！”

“我要看提灯会。”一个挂着鼻涕的女孩似乎偏不相信老人的话，牵着她妈妈的手就要去看。

这当儿簇聚着的人渐渐走散了，王大春和李诚也就想起动脚，走不到几步。只听得清脆的一声，不知道那妇人的手打在女孩的哪一部分。同时女孩“哇”的一声哭了。那妇人跟着骂，“小鬼头，也要看提灯会！谁有工夫带你去看？那是他们学生的事情，要你干起劲做什么？你这小鬼头！”

骂声和哭声淡得像烟雾的时候，王大春说，“我不打算吃晚饭。吃了晚饭到学校，只怕嫌迟。我要妈妈给我买十个奶油面包，带在身边吃。”

“我妈妈昨天许过我，给我带八个暹罗蜜橘。”李诚抿着嘴，耸着颧颊，表示得意。

“那末你也不要吃晚饭吧。我们交换着吃，我给你吃奶油面包，你给我吃暹罗蜜橘。”

“好的，好的。”顿了一顿，李诚又说，“你一到家，就去买面包。买了来看我，我们一同到学校。我们要第一个到！我们要帮先生把那些灯烛点起来！”

仿佛已经看见了灯烛辉煌的美景，他们两个肩膀贴着肩膀，齐着步调，嘴里哼着先生教给他们的口号，"增——进——全——国——儿——童——的——幸——福！"

1936 年 4 月 4 日发表

叶 圣 陶
作 品 精 选

散

文

散　文

生　　活

　　乡镇上有一种"来扇馆"，就是茶馆，客人来了，才把炉子里的火扇旺，炖开了水冲茶，所以得了这个名称。每天上午九十点钟的时候，"来扇馆"却名不副实了，急急忙忙扇炉子还嫌来不及应付，哪里有客来才扇那么清闲？原来这个时候，镇上称为某爷某爷的先生们睡得酣足了，醒了，从床上爬起来，一手扣着衣扣，一手托着水烟袋，就光降到"来扇馆"里。泥土地上点缀着浓黄的痰，露筋的桌子上满缀着油腻和糕饼的细屑；苍蝇时飞时止，忽集忽散，像荒野里的乌鸦；狭条板凳有的断了腿，有的裂了缝；两扇木板窗外射进一些光亮来。某爷某爷坐满了一屋子，他们觉得舒适极了，一口沸烫的茶使他们神清气爽，几管浓辣的水烟使他们精神百倍。于是一切声音开始散布开来：有的讲昨天的赌局，打出了一张什么牌，就赢了两底；有的讲自己的食谱，西瓜鸡汤下面，茶腿丁煮粥，还讲怎么做鸡肉虾仁水饺；有的讲本镇新闻，哪家女儿同某某有私情，哪家老头儿娶了个十五岁的侍妾；有的讲些异闻奇事，说鬼怪之事不可不信，不可全信。有几位不开口的，他们在那里默听，微笑，吐痰，吸烟，支颐，遐想，指头轻敲桌子，默唱三眼一板的雅曲。迷蒙的烟气弥漫一室，一切形一切声都像在云里雾里。午饭时候到了，他们慢慢地踱回家去。吃罢了饭依旧聚集在"来扇馆"里，直到晚上为止，一切和午前一样。岂止和午前一样，和昨天和前月和

去年和去年的去年全都一样。他们的生活就是这样了！

城市里有一种茶社，比起"来扇馆"就像大辂之于椎轮了。有五色玻璃的窗，有仿西式的红砖砌的墙柱，有红木的桌子，有藤制的几和椅子，有白铜的水烟袋，有洁白而且洒上花露水的热的公用手巾，有江西产的茶壶茶杯。到这里来的先生们当然是非常大方，非常安闲，洪亮的语音表示上流人的声调，顾盼无禁的姿态表示绅士式的举止。他们的谈话和"来扇馆"里大不相同了。他们称他人不称"某老"就称"某翁"；报上的记载是他们谈话的资料，或表示多识，说明某事的因由，或好为推断，预测某事的转变；一个人偶然谈起了某一件事，这就是无穷的言语之藤的萌芽，由甲而及乙，由乙而及丙，一直蔓延到癸，癸和甲是决不可能牵连在一席谈里的，然而竟牵连在一起了；看破世情的话常常可以在这里听到，他们说什么都没有意思都是假，某人干某事是"有所为而为"，某事的内幕是怎样怎样的；而赞誉某妓女称扬某厨司也占了谈话的一部分。他们或是三三两两同来，或是一个人独来；电灯亮了，坐客倦了，依旧三三两两同去，或是一个人独去。这都不足为奇，可怪的是明天来的还是这许多人；发出洪亮的语音，做出顾盼无禁的姿态还同昨天一样；称"某老""某翁"，议论报上的记载，引长谈话之藤，说什么都没有意思都是假，赞美食色之欲，也还是重演昨天的老把戏！岂止是昨天的，也就是前月，去年，去年的去年的老把戏。他们的生活就是这样了！

上海的马路上，来来往往的，谁能计算他们的数目。车马的喧闹，屋宇的高大，相形之下，显出人们的浑沌和微小。我们看蚂蚁纷纷往来，总不能相信他们是有思想的。马路上的行人和蚂蚁有什么分别呢？挺立的巡捕，挤满电车的乘客，忽然驰过的乘汽车者，急急忙忙横穿过马路的老人，徐步看玻璃窗内货品的游客，鲜衣自炫的妇女，谁不是一个蚂蚁？我们看蚂蚁个个一样，马路上的过客又哪里有各自的个性？我们倘若审视一会儿，且将不辨谁是巡捕，谁是乘客，谁是老人，谁是游客，谁是妇女，只见无数同样的没有思想的动物散布在一条大道上罢了。游戏场里的游客，谁不露一点笑容，露笑容的就是游客，正如黑而小的身体像蜂的就是蚂蚁。但是笑声里面，我们辨得出哀叹的气息；喜愉的脸庞，我们可以窥见寒噤的颦蹙。何以没有一天马路上会一个动物也没有？何以没有一天游戏场里会找不到一个笑容？他们的生活就是这样了。

我们丢开优裕阶级欺人阶级来看，有许许多多人从红绒绳编着小发辫的孩子时代直到皮色如酱须发如银的暮年，老是耕着一块地皮，眼见地利确是生生不息的，而自己只不过做了一柄锄头或者一张犁耙！雪样明耀的电灯光从高大的建筑里放射出来，机器的声响均匀而单调，许多撑着倦眼的人就在这里做那机器的帮手。那些是生产的利人的事业呀，但是……他们的生活就是这样了！

一切事情用时行的话说总希望它"经济"，用普通的话说起来就是"值得"。倘若有一个人用一把几十位的大算盘，将种种阶级的生活结一个总数出来，大家一定要大跳起来狂呼"不值得"。觉悟到"不值得"的时候就好了。

没有秋虫的地方

阶前看不见一茎绿草，窗外望不见一只蝴蝶，谁说是鹁鸽箱里的生活，鹁鸽未必这样枯燥无味呢。秋天来了，记忆就轻轻提示道："凄凄切切的秋虫又要响起来了。"可是一点影响也没有，邻舍儿啼人闹弦歌杂作的深夜，街上轮震石响邪许并起的清晨，无论你靠着枕头听，凭着窗沿听，甚至贴着墙角听，总听不到一丝秋虫的声息。并不是被那些欢乐的劳困的洪大的清亮的声音淹没了，以致听不出来，乃是这里根本没有秋虫。啊，不容留秋虫的地方！秋虫所不屑居留的地方！

若是在鄙野的乡间，这时候满耳朵是虫声了。白天与夜间一样地安闲；一切人物或动或静，都有自得之趣；嫩暖的阳光和轻淡的云影覆盖在场上，到夜呢，明耀的星月和轻微的凉风看守着整夜，在这境界这时间里惟一足以感动心情的就是秋虫的合奏。它们高低洪细疾徐作歇，仿佛经过乐师的精心训练，所以这样地无可批评，踌躇满志。其实它们每一个都是神妙的乐师；众妙毕集，各抒灵趣，哪有不成人间绝响的呢。

虽然这些虫声会引起劳人的感叹，秋士的伤怀，独客的微喟，思妇的低泣；但是这正是无上的美的境界，绝好的自然诗篇，不独是旁人最欢喜吟味的，就是当境者也感受一种酸酸的麻麻的味道，这种味道在另一方面是非常隽永的。

大概我们所祈求的不在于某种味道，只要时时有点儿味道尝尝，就自诩为生活不空虚了。假若这味道是甜美的，我们固然含着笑来体味它；若是酸苦的，我们也要皱着眉头来辨尝它：这总比淡漠无味胜过百倍。我们以为最难堪而极欲逃避的，惟有这个淡漠无味！

所以心如槁木不如工愁多感，迷蒙的醒不如热烈的梦，一口苦水胜于一盏白汤，一场痛哭胜于哀乐两忘。这里并不是说愉快乐观是要不得的，清健的醒是不必求的，甜汤是罪恶的，狂笑是魔道的；这里只是说有味远胜于淡漠罢了。

所以虫声终于是足系恋念的东西。何况劳人秋士独客思妇以外还有无量数的人，他们当然也是酷嗜趣味的，当这凉意微逗的时候，谁能不忆起那美妙的秋之音乐？

可是没有，绝对没有！井底似的庭院，铅色的水门汀地，秋虫早已避去惟恐不速了。而我们没有它们的翅膀与大腿，不能飞又不能跳，还是死守在这里。想到"井底"与"铅色"，觉得象征的意味丰富极了。

藕与莼菜

同朋友喝酒，嚼着薄片的雪藕，忽然怀念起故乡来了。若在故乡，每当新秋的早晨，门前经过许多乡人：男的紫赤的胳膊和小腿肌肉突起，躯干高大且挺直，使人起健康的感觉；女的往往裹着白地青花的头巾，虽然赤脚，却穿短短的夏布裙，躯干固然不及男的那样高，但是别有一种健康的美的风致；他们各挑着一副担子，盛着鲜嫩的玉色的长节的藕。在产藕的池塘里，在城外曲曲弯弯的小河边，他们把这些藕一再洗濯，所以这样洁白。仿佛他们以为这是供人品味的珍品，这是清晨的画境里的重要题材，倘若涂满污泥，就把人家欣赏的浑凝之感打破了；这是一件罪过的事，他们不愿意担在身上，故而先把它们洗濯得这样洁白，才挑进城里来。他们要稍稍休息的时候，就把竹扁担横在地上，自己坐在上面，随便拣择担里过嫩的"藕枪"或是较老的"藕朴"，大口地嚼着解渴。过路的人就站住了，红衣衫的小姑娘拣一节，白头发的老公公买两支。清淡的甘美的滋味于是普遍于家家户户了。这样情形差不多是平常的日课，直到叶落秋深的时候。

在这里上海，藕这东西几乎是珍品了。大概也是从我们故乡运来的。但是数量不多，自有那些伺候豪华公子硕腹巨贾的帮闲茶房们把大部分抢去了；其余的就要供在较大的水果铺里，位置在金山苹果吕宋香芒之间，专待善价而沽。至于挑着担子在街上叫卖的，也并不是没有，但不是瘦得像乞丐的臂和腿，就是涩得像未熟的柿子，实在无从欣羡。因此，除了仅有的一回，我们今年竟不曾吃过藕。

这仅有的一回不是买来吃的，是邻舍送给我们吃的。他们也不是自己买的，是从故乡来的亲戚带来的。这藕离开它的家乡大约有好些时候了，所以不复呈玉样的颜色，却满被着许多锈斑。削去皮的时候，刀锋过处，很不爽利。切成片送进嘴里嚼着，有些儿甘味，但是没有那种鲜嫩的感觉，而且似乎含了满口的渣，第二片就不想吃了。只有孩子很高兴，他把这许多片嚼完，居然有半点钟工夫不再作别的要求。

想起了藕就联想到莼菜。在故乡的春天，几乎天天吃莼菜。莼菜本身没有味道，味道全在于好的汤。但是嫩绿的颜色与丰富的诗意，无味之味真足令人心醉。在每条街旁的小河里，石埠头总歇着一两条没篷的船，满舱盛着莼菜，是从太湖里捞来的。取得这样方便，当然能日餐一碗了。

而在这里上海又不然；非上馆子就难以吃到这东西。我们当然不上馆子，偶然有一两口去叨扰朋友的酒席，恰又不是莼菜上市的时候，所以今年竟不曾吃过。直到最近，伯祥的杭州亲戚来了，送他瓶装的西湖莼菜，他送给我一瓶，我才算也尝了新。

向来不恋故乡的我，想到这里，觉得故乡可爱极了。我自己也不明白，为什么会起这么深浓的情绪？再一思索，实在很浅显：因为在故乡有所恋，而所恋又只在故乡有，就萦系着不能割舍了。譬如亲密的家人在那里，知心的朋友在那里，怎得不恋恋？怎得不怀念？但是仅仅为了爱故乡么？不是的，不过在故乡的几个人把我们牵系着罢了。若无所牵系，更何所恋念？像我现在，偶然被藕与莼菜所牵系，所以就怀念起故乡来了。

所恋在哪里，哪里就是我们的故乡了。

丛墓似的人间

上海有种种的洋房，高大的，小巧的，红得使人眼前晕眩的，白得使人悠然意远的，实在不少。在洋房的周围，有密叶藏禽的丛树，有交枝叠蕊的砌花，凉椅可以延爽，阳台可以迎月。在那里接待密友，陪伴恋人，背景是那样清妙，登场人物又是那样满怀欢畅，真可谓赏心乐事，神仙不啻了。但是我不想谈这些人和他们的洋房，我要引导读者到狭窄的什么弄什么里去。

在内地有这么一个称谓，叫作"上海式房子"，可见这种房屋的式样是起源于上海而流行到内地去的。我想，再减省不得再死板不过的格局，要数上海式的房子了。开进门去，真是井一样的一个天井。假如后门正开着，我们的视线就可以通过客堂，直望到后面一家人家的前门。客堂后面是一张峭直的扶梯，好让我们爬上楼去。最奇妙的，扶梯后面还不到一楼一底的高度，却区分为三，上是晒台，中称亭子间，下作灶房。没有别的了，尽在于此了。倘若要形容家家相同的情形，很可以说就像印版文字那样，见一个可以知道万万。住在这种房屋里的人们，差不多跟鸽子箱里的鹁鸽一样，一对对地伏在里边就是了，决说不到舒服，说不到安居，更说不到什么怡神悦性的佳趣。但是，假如一对夫妇能占这么一所房屋，他们就是十二分的幸运者，至少可以赠给他们"准贵族"的称号了；更有无量数的人，要合起好几对来，还附带各家的老的小的，才得以占这样一所房屋，他们连鹁鸽都不如呢！

最大的限度，这样一所房屋可以住七八家人家。待我指点明白，读者就不会以为是奇闻了。客堂以及楼面各用板壁划分为二，可以住下四家，这是天经地义，所以平淡无奇。亭子间可以关起门来自成小天地，当然住一家。各家的饭都在自己的领域里做，那么灶房里也可以住一家。在晒台顶上架起些薄板，只要像个形式，不管风来受冷，雨来受淋，就也可以住一个单身汉或者一对孤苦的老夫妇。再在楼板底下，客堂后半间的上面，搭成一个板阁，出入口就开在扶梯的半腰里，虽然出进非爬不可，虽然陈设不下什么床铺，两三个"七尺之躯"还容得下，所以也可以住一家。这不是八家了么？

情形如此，我们还称这是一所房屋，似乎不很适当了。试想夜深入睡的时候，这里与那里，上层与下层，都横七竖八躺满了人，这不是与北城郊外，白杨树下，新陈错杂的丛墓相仿佛么？所不同的，死人是错乱纵横躺在泥土之中。这些睡着的人是错乱纵横躺在浑浊不堪而其名尚存的空气之中罢了。

丛墓里的死人永远这样躺着，错乱纵横倒还没有什么关系，这些睡着的人可不然，他们夜间的墓场也就是白天的世界。一到晨梦醒来，竖起身子，大家就要在那里作种种活动；图谋生活的工作，维持生活的杂务，都得在这仅够横下身子的领域里干起来。他们只有身体与身体相摩，饭碗与便桶并列，坐息于床铺之上，烧饭丁被褥之侧：今天，明天，今年，明年，"直到永远"！

在这个领域里实在也无从整理，当然谈不到带着贵族气息的卫生。苍蝇来与他们夺食，老鼠来与他们同居；原有的窗户因为分家别户不免少开几扇，一部分清新的空气就给挡驾了，于是疾病之神偷偷地溜了进来。这家煨破旧的泥炉，那家点无罩的煤油灯，于是祝融之神默默地在那里相度他的新领土。小孩在这个领域里产生出

来，生活过来，不是面黄肌瘦，软弱无力，就是深深印着这么一个观念，杂乱肮脏就等于生活，于是愚蠢者卑陋者的题名册上又要添上许多名字。总之，这活人的丛墓面前清清楚楚标着这样几个无形的大字，就是"死亡，灾难，愚蠢"。

是谁把这什么弄什么里化成丛墓的呢？是谁驱使这许多人投入丛墓的呢？这些真是极其愚笨的问题。人家出不起独占一所屋子的钱，当然只好七家八家合在一起住。所以，如果要编派处分，谁也怪不得，只能怪住在丛墓里的人自己不好，你们为什么没有富足的钱！你们如果怪房东把房价定得太贵，房东将会回答你们说："我是将本求利的，这房屋的利息是最公道的呢。我并不做三分息四分息的营生。你们不送我个'廉洁可风'的匾额，倒怪起我来了么！"你们如果去怪市政机关没有限制，没有全盘的规划，市政机关会回答你们说："就因为我们没有限制，你们才有个存身之处。有了限制，你们只好住到郊野去了！至于空阔舒畅的房屋尚没有人住的，某处有一所美国式的洋房，某处有一所带花园的别墅，某处某处有什么什么，你们为什么不去买来或租来住呢？"他们都不错，只有你们错，你们为什么没有富足的钱！

为千错万错的人们着想，只有两条路。其一，回复到上古的时代，空间跟清风明月一样，不用一钱买，在山巅水涯自由自在地造起房屋来。其二，提倡货真价实到二十四分的精神生活，尽管七家八家挤在一起，但是天理可以胜人欲，妙想可以移实感，所以大家能优游自适，无异处高堂大厦。

假如既已出了轨的世运的车是继续向前奔驶的，那么回复到原来的轨道是没有希望了，第一条路通不过去了。假如理学不昌，生活不能不依赖物质，那么七家八家死挤，总是莫大的悲哀，第二条路又通不过去了。

这似乎颇有点绝望。但是也不尽然。平心而论，同是一个人，所占空间应该是同样大小，没有一个人配特别占得多，也就没有一个人该特别占得少。你能说出谁配多占谁该少占的理由么？能够做到所占均等，能够做到人人得有整洁舒适的居所，那么，丛墓就恢复为人间了。这决不是开起倒车，退到歧路那儿，然后郑重前进的办法所能办到的。这须得加速度前进，飞越旧的轨道，转上那新的轨道。

什么事情的新希望都在于转上新的轨道。困在丛墓中而感到悲哀的人们，就为这一点悲哀，已经有奔向新的轨道的必要了。

五月三十一日急雨中

从车上跨下，急雨如恶魔的乱箭，立刻打湿了我的长衫。满腔的愤怒，头颅似乎戴着紧紧的铁箍。我走，我奋疾地走。

路人少极了，店铺里仿佛也很少见人影。哪里去了！哪里去了！怕听昨天那样的排枪声，怕吃昨天那样的急射弹，所以如小鼠如蜗牛般蜷伏在家里，躲藏在柜台底下么？这有什么用！你蜷伏，你躲藏，枪声会来找你的耳朵，子弹会来找你的肉体，你看有什么用？

猛兽似的张着巨眼的汽车冲驰而过，泥水溅污我的衣服，也溅及我的项颈，我满腔的愤怒。

一口气赶到"老闸捕房"门前，我想参拜我们的伙伴的血迹，我想用舌头舔尽所有的血迹，咽入肚里。但是，没有了，一点儿没有了！已经给仇人的水龙头冲得光光，已经给烂了心肠的人们踩得光光，更给恶魔的乱箭似的急雨洗得光光！

不要紧，我想。血曾经淌在这块地方，总有渗入这块土里的吧。那就行了。这块土是血的土，血是我们的伙伴的血，还不够是一课严重的功课么？血灌溉着，血滋润着，将会看到血的花开在这里，血的果结在这里。

我注视这块土，全神地注视着，其余什么都不见了，仿佛自己整个儿躯体已经融化在里头。

抬起眼睛，那边站着两个巡捕：手枪在他们的腰间；泛红的脸

104

上的肉，深深的颊纹刻在嘴的周围，黄色的睫毛下闪着绿光，似乎在那里狞笑。

手枪，是你么？似乎在那里狞笑的，是你么？

"是的，是的，就是我，你便怎样！"——我仿佛看见无量数的手枪在点头，仿佛听见无量数的张开的大口在那里狞笑。

我舔着嘴唇咽下去，把看见的听见的一齐咽下去，如同咽一块粗糙的石头，一块烧红的铁。我满腔的愤怒。

雨越来越急，风把我的身体卷住，全身湿透了，伞全然不中用。我回转身走刚才来的路，路上有人了。三四个，六七个，显然可见是青布大褂的队伍，中间也有穿洋服的，也有穿各色衫子的短发的女子。他们有的张着伞，大部分却直任狂雨乱泼。

他们的脸使我感到惊异。我从来没有见到过这么严肃的脸，有如昆仑之耸峙；我从来没有见到过这么郁怒的脸，有如雷电之将作。青年的清秀的颜色退隐了，换上了北地壮士的苍劲。他们的眼睛将要冒出焚烧一切的火焰，抿紧的嘴唇里藏着咬得死敌人的牙齿……

佩弦的诗道，"笑将不复在我们唇上"。用来歌咏这许多张脸正适合。他们不复笑，永远不复笑！他们有的是严肃与郁怒，永远是严肃的郁怒的脸。

青布大褂的队伍纷纷投入各家店铺，我也跟着一队跨进一家，记得是布匹庄。我听见他们开口了，差不多掏出整个的心，涌起满腔的血，真挚地热烈地讲着。他们讲到民族的命运，他们讲到群众的力量，他们讲到反抗的必要；他们不惮郑重叮咛的是"咱们一伙儿！"我感动，我心酸，酸得痛快。

店伙的脸比较地严肃了；他们没有话说，暗暗点头。

我跨出布匹庄。"中国人不会齐心呀！如果齐心，吓，怕什么！"听到这句带有尖刺的话，我回头去看。

是一个三十左右的男子，粗布的短衫露着胸，苍暗的肤色标记他是在露天出卖劳力的。他的眼睛里放射出英雄的光。

不错呀，我想。露胸的朋友，你喊出这样简要精炼的话来，你伟大！你刚强！你是具有解放的优先权者！——我虔诚地向他点头。

但是，恍惚有蓝袍玄褂小髭须的影子在我眼前晃过，玩世的微笑，又仿佛鼻子里轻轻的一声"嗤"。接着又晃过一个袖手的；漂亮的嘴脸，漂亮的衣着，在那里低吟，依稀是"可怜无补费精神！"袖手的幻化了，抖抖地，显出一个瘰瘦的中年人，如鼠的觳觫的眼睛，如兔的颤动的嘴唇，含在喉际，欲吐又不敢吐的是一声"怕……"

我如受奇耻大辱，看见这种种的魔影，我愤怒地张大眼睛。什么魔影都没有了，只见满街恶魔的乱箭似的急雨。

微笑的魔影，漂亮的魔影，惶恐的魔影，我咒诅你们！你们灭绝！你们消亡！永远不存一丝儿痕迹于这块土上！

有淌在路上的血，有严肃的郁怒的脸，有露胸朋友那样的意思，"咱们一伙儿"，有救，一定有救，——岂但有救而已。

我满腔的愤怒。再有露胸朋友那样的话在路上吧？我向前走去。

依然是满街恶魔的乱箭似的急雨。

白　采

那一年我从甪直搬回苏州，一个晴朗的朝晨，白采君忽地来看我。先前没有通过信，来了这样轻装而背着画具的人，觉得突兀。但略一问答之后，也就了然，他是游苏州写风景来的，因为知道我的住址，顺便来看我。我始终自信是一无所知一无所能的人，虽然有愿意了解别人以善意恳切对待别人的诚心，但是从小很少受语言的训练，在人前难得开口，开口又说不通畅，往往被疑为城府很深甚至是颇近傲慢的人。而白采君忽地来看我，我感激并且惭愧。

白采君颇白皙，躯干挺挺的使人羡慕。坐了一会，他说附近有什么可看的地方愿意去看看。我就同他到沧浪亭，在桥上望尚未凋残的荷盖。转到文庙，踏着泮池上没踝的丛草，蚱蜢之类便三三两两飞起来。

大成殿森然峙立在我们面前，微闻秋虫丝丝的声音，更显得这境界的寂寥。我们站在殿前的阴影里，不说话。白采君凝睛而望，一手按着内装画板的袋子。我想他找到画题了吧，看他作画倒是有味的事。但是他并不画，从他带笑的颧颊上知道他得到的感兴却不平常。

我想同他出城游虎丘，但是他阻住我，说太远了，他不愿多费我的时间，——其实我的时间算得什么。我声明无妨，他只是阻住，于是非分别不可了。就在文庙墙外，他雇了一头驴子，带着颇感兴趣的神情跨了上去。驴夫一鞭子，那串小铜铃康郎康郎作响，不多

时就渺无所闻，只见长街远处小玩具似的背影在那里移动。

我的记性真不行，那一天谈些什么，现在全想不起来了。

后来也通过好几回信，都是简短的，并不能增进对于他的了解。但是他的几篇小说随后看到了，我很满意。我们读无论怎样好的文字，最初的感觉也无非是个满意，换句话说，就是字字句句入我意中，觉得应该这么说，不这么说就不对。但是，单说满意似乎太寒伧了，于是找些渊博的典雅的话来这样那样烘托，这就是文学批评。去年，他的深自珍秘的一首长诗《赢疾者的爱》刊布出来了，我读了如食异味，深觉与平日吃惯了的青菜豆腐乃至鱼肉不同，咀嚼之余，颇想写一点文字。但是念头一转，我又不懂什么文学批评，何必强作解人呢，就把这意思打消了。不过我坚强地相信这是一首好诗，虽然称道的人不大有。

去年冬，我们到江湾看子恺君的漫画。在立达学园门前散步的时候，白采君与别的几位教师从里面出来，就一一招呼，错落聚谈。白采君不是前几年的模样了，变得消瘦，黝黑，干枯，说话带伤风的鼻音。后来知道他有吐血的病。

今年大热天的一个午后，愈之君跑来突然说："白采死了！"

"啊！"大家愕然。

我恍惚地想大概是自杀吧；当时虽不曾想到他的诗与小说，但是他的诗与小说早使我认定他是骨子里悲观的人。

经愈之君说明，才知道是病死在船上的。

"人生如朝露"等古老的感慨，心里固然没有，但是一个相识而且了解他的心情的人离开我们去了，永不回来了，决不是暂时的哀伤。

他的遗箧里有许多珍秘的作品，我愿意尽数地读它们。已经刊布的一篇诗一本小说集，近来特地检出来重读了。我们能更多地了解他，他虽然死了，会永远生存在我们的心里。

教育与人生

在讨论教育与人生的问题之前，我们先看什么是教育？什么是人生？

教育的意义究竟是什么？许多人认为，教育是"成熟的人对未成熟的人，以一定的目的方法使能自觉"。这种说法固然不能说不对，但总有些空泛。又如杜威所谓"教育即生活"，舒新城所谓"教育是启进人生的活动，其目的在于为社会创造自立的个人，为个人创造互助的社会；其方法在利用社会的（自然环境及社会环境）刺激，使受教育者自动解决问题，创造生活"。（见《教育通论》）这些理论也偏于空疏，没有切实道破具体的教育的意义。

我以为教育应该指学校教育而言。所以教育是用学校作为工具，把旧有的知识系统传授给继起的青年，使他们养成一种适合于既成社会的人格，以维持和发展这个社会。所以教育是人类获得生存资料和经营生活的一种工具。教育本身并非目的，而是工具。这种工具，大而言之可以挽救国家社会，小而言之可以指导个人，改造个人的错误，实现个人的本能，它的作用是很大的。

人生的意义是什么？所谓"人生"，系包括人类的物质生活和精神生活而言。各人对于人生的见解，就是所谓"人生观"。认为人生是快乐的，就是快乐的人生观；认为人生应该献身于国家与社会的，就是责任的人生观。各人的环境不同，着眼点各异，因而各人的人

生观亦不一致。学校教育的目的就在于使学生养成正确的人生观，因而不能不注意教育与人生的关系。

教育与人生的关系，大致有后列三点：

一、以教育认识自己。天下最可怜的事情莫过于自己不认识自己。有的人因为不认识自己的缘故，走入歧途，一切堕落，事业不得成功，甚至危及生命，这是何等的危险。

认识自己有两方面：一为自己的主体，或称"自我"；一为自己的环境，或称"外物"或"客体"。单是自我，不会有正确认识；单是被认识的客体，也不能认识自己：必须明白了主体与客体的关系，认识了环境，方能认识自己。所以我们首先要认识的就是我们的环境。我们的行动与环境发生密切的关系：环境有支配或决定人生的力量，同时又有引诱人生入于某种途径的力量；我们受种种外物的支配和引诱都是必然的，不是偶然的。所以要认识了我们的环境，我们的行动才会有目标有意义，不至于成为盲目的不正当的行为。

在认识环境之后，应当认识自己的本身。认识自己的本身，最主要的是自己的地位。一个人能否尽自己的责任，就以认识自己的地位与否为先决的条件。各个人的地位本来是环境的反映，但是对付环境因人而不同，不是机械的受其支配而已。所以对于环境，就有能否适应的分别。所谓适应，既非屈从，又非反抗，乃是恰当利用之谓。要利用环境，除了认识环境之外，第一要注意自己所处的地位，第二是自己的能力，第三是自己的能力在所处的地位能够发挥的作用。所以环境的认识和自我的认识都是必要的。

认识客体的环境和自我主体的地位，不是一件容易的事情，必须有相当的知识学力，才能辨别是非，分清黑白。这当然是教育的责任了。教育不仅要增加学生的知识学力，同时要引导学生走入正轨，使其了解世界的大势，本国的情状，以及学生所负的使命和个人所处的地位。

二、以教育革新自己。既然认识了自我与环境，就应当从事于革新自己。革新可以分两个方面来说：

一方面是铲除一切障碍物，如虚荣心、怠惰心等等。一般人很容易受这些魔力的支配，自己不能节制自己，这是人类本性上的缺陷。但人类的本性也具有许多优点，如仁爱、求知等等。我们应当发扬自己的长处，铲除这些短处。

另一方面是革新过去的错误观念。我们认识了环境和自己的地位，就应当铲除以往的错误观念，向新的路线上走去。一个人总有自己的人生观和宇宙观。较进步的人对社会更有认识，这种种认识，构成了人类行为的基础。我们在认识了环境和自我之后，对这种种当然会有相当的认识。在我们的本能中虽然有除旧布新的成分，同时也有迷恋过去的成分，所以革新过去的错误观念，便非常重要了。

要铲除一切障碍物，革新过去的错误观念，必须在教育上下功夫。因为怎样铲除虚荣心、怠惰心，如何革新错误观念，是要以教育力量为原动力的。

三、以教育成就自己。由认识自己而革新自己，由革新自己而成就自己，是一种自然的步骤。如何才能达到成就自己的目的呢？这当然有研究的必要。我以为应当按照自己的所长和所好去成就自己。譬如爱好理科的，就可以在理科方面努力；爱好文学或政治经济的，就可在文学或政治经济方面努力。这样去做，是很容易成功的。要使人们都能够这样成就自己，非借助于教育不可。可见教育对于人生所负的责任，真是不小。

以上三件事，无论缺了哪一件，很难成为健全的分子。今后的教育应当从这三件事着手，尤其对于中学生，更应当特别训练。希望负有教育责任的人注意。

受教育跟处理生活

中等教育的目标不外乎给予学生处理生活的一般知识，养成学生处理生活的一般能力，使他能够做一个健全的公民。依照教育学者的说法，话决不会这么简单；他们罗列各派的学说，比较各国的国情，一下子一章，再一下子又是一章，可以写成一本很厚的书。但是说来说去，总脱不出这一句简单的话的范围。

所谓生活，无非每天碰到的一桩桩一件件的事情。客人来了，该要款待他，这是一件事情。夏天快到了，该要下稻种，这是一件事。东北四省失去已经三年了，该要想法收回，这是一件事。太阳上的黑子今年又扩大起来了，该要研究它的所以然以及对于地球的影响，这是一件事。事情是举不完数不完的；许许多多的事情积聚起来，其总和就是人类的生活。

根本地说起来，处理生活的知识当然该从一桩桩一件件的事情上去取得，处理生活的能力当然该从一桩桩一件件的事情上去历练。惟有这样，才无所谓学习跟实做的界限，才没有支离破碎的弊病；过一天就是一天的充实生活，便没有像泄了气的气球似的预备生活。

教育的最高境界该怎样呢？说出来也平淡无奇，不过实现上面所说的罢了。在现今世界上，并不是没有施行这种教育规模的地方。在我国，有一部分教育者提出教、学、做合一的主张（又有人说该是做、学、教合一），也是想把教育推进到最高境界的一种企图。

但是要知道，教育是不能离开了种种的社会关联而独立的。教、学、做合一的主张不能普遍于整个教育界，正受着种种的社会关联的限制。此刻我们必须明白的是：现行的教育规模，例如把训育跟教科分为两橛，又如定下公民、卫生、国文、算学等等科目教学生学习，实在不是顶妥当的办法，而只是不得已的办法。

为什么不是顶妥当的办法？因为这样一来，就把教育跟一桩桩一件件的事情，也就是跟生活的距离拉得远了；故而在学校里当学生，总不免有"预备生活"之感。但是不这样就得全盘推翻，另起炉灶；在不能另起炉灶的时候，要让青年取得知识，历练能力，就只得照现在这样做。所以说只是不得已的办法。

明白了这一点有什么益处呢？益处就在于能使我们不忘记我们的实际生活。我们学的虽然是公民、卫生、国文、算学等等科目，而实际生活里并没有这些科目，只有一桩桩一件件的事情。事情临到我们的面前，我们要能综合地运用这些科目去处理，那才是真个取得了知识，历练了能力。如果徒然记住在心里，写在笔记簿上，临到事情还是茫然失措，那就等于没有受什么教育；我们决不肯这样耽误了自己。

连带的，我们自然会领悟教科书的本质只是各种科目的纲领而已。譬如演戏，教科书好像一张节目单，背得出节目单并不就是演了好戏。纲领自有纲领的用处，繁复的头绪须得理清楚，才可以结成概念，纲领的必要就在乎此。因而死命地记诵教科书是无谓的，把记诵教科书当作受教育的终极目的尤其无谓。我们固然不肯把节目单抛开不顾，可是我们更得好好地演我们的戏——随时随地好好地处理我们的生活。

1935 年 3 月 1 日发表

阅读什么

中学生诸君：我在这回播音所担任的是中学国语科的节目。国语科有好几个方面，我想对诸君讲的是些关于阅读方面的话。预备分两次讲，一次讲"阅读什么"，一次讲"怎样阅读"。今天先讲"阅读什么"。

让我在未讲到正文以前，先发一句荒唐的议论。我以为书这东西是有消灭的一天的。书只是供给知识的一种工具，供给知识其实并不一定要靠书。试想，人类的历史不知已有多少年，书的历史比较起来是很短很短的。太古的时代并没有书，可是人类也竟能生活下来，他们的知识原不及近代人，却也不能说全没有知识。足见书不是知识的惟一的来源，要得知识并不一定要靠书的了。古代的事，我们只好凭想象来说，或者有些不可靠，再看现在的情形吧。今天的讲演是用无线电播送给诸君听的，假定听的有一万人，如果我讲得好，有益于诸君，那效力就等于一万个人各读了一册"读书法"或"读书指导"等类的书了。我们现在除无线电话以外还有电影可以利用，历史上的事件，科学上的制造，如果用电影来演出，功效等于读历史书和科学书。假定有这么一天，无线电话和电影发达得很进步普遍，放送的材料有人好好编制，适于各种人的需要，那么书的用处会逐渐消灭，因为这些利器已可代替书了。我们因了想象知道太古时代没有书，将来也可不必有书，书的需要可以说是一种过渡时代的现象。

今天所讲的题目是"阅读什么",方才这番议论好像有些荒唐,文不对题。其实我的意思只是想借此破除许多读书的错误观念。我也承认书本在今日还是有用的,我们生存在今日,要求知识,最普通、最经济的方法还是读书。可是一向传下来的读书观念,很有许多是错误的。有些人把读书认为高尚的风雅事情,把书本当作玩好品古董品,好像书这东西是与实际生活无关,读书是实际生活以外的消遣工作。有些人把书认为惟一的求学的工具,以为所谓求知识就是读书的别名,书本以外没有知识的来路。这两种观念都是错误的,犯前一种错误的以一般人为多,犯后一种错误的大概是青年人,尤其是日日手捏书本的中学生诸君。

我以为书只是求知识的工具之一,我们为了要生活,要使生活的技能充实,就得求知识。所谓知识,决不是什么装饰品,只是用来应付生活,改进生活的技能。譬如说,我们因为要在自然界中生存,要知道利用自然界理解自然界的情形,才去学习物理、化学和算学等科目;我们因为要在这世界上做人,才去学习世界情形,修习世界史和世界地理等科目;我们因为要做现在的中国人民,才去学习本国历史、地理、公民等科目。学习的方法可有各式各样,有时须用实验的方法,有时须用观察的方法,有时须用演习的方法,并不一定都依靠书。只因为书是文字写成的,文字是最便利的东西,可把世间一切的事情,一切的道理都记载出来,印成了书,随时随地可以翻看,所以书就成了求知识的重要的工具,值得大众来阅读了。

以上是我对于书的估价,下面就要讲到今天的题目"阅读什么"了。

青年人应该读些什么书?这是一个从古以来的大问题,对于这

问题从古就有许多人发表过许多议论，近十年来这问题也着实热闹，有好几位先生替青年开过书目单，其中比较有名的是梁启超先生和胡适之先生所开的单子。诸君之中想必有许多人见过这些单子的。我今天不想再替诸君另开单子，只想大略地告诉诸君几个着手的方向。

　　我想把读书和生活两件事联成一气、打成一片来说，在我的见解，读书并不是风雅的勾当，是改进生活、丰富生活的手段，书籍并不是茶余酒后的消遣品，乃是培养生活上知识技能的工具。一个人该读些什么书，看些什么书，要依了他自己的生活来决定、来选择。我主张把阅读的范围，分成三个，（一）是关于自己的职务的，（二）是参考用的，（三）是关于趣味或修养。举例子来说，做内科医生的，第一应该阅读的是关于内科的书籍杂志，这是关于自己职务的阅读，属于第一类。次之是和自己的职务无直接关系，可以做研究上的参考，使自己的专门知识更丰富、确切的书，如因疟疾的研究，而注意到蚊子的种类，便去翻某种生物学书；因了疟蚊的分布，便去翻阅某种地理书；因了某种药物的性质，便去查检某种植物书、矿物书；因了某一词儿的怀疑，便去翻查某种辞典，这是参考的阅读，属于第二类。再次之这位医生除了医生的职务以外，当然还有趣味或修养的生活。在趣味方面，他如果是喜欢下围棋的，不妨看看关于围棋的书，如果是喜欢摄影的，不妨看看关于摄影的书，如果是喜欢文艺的，不妨看看诗歌、小说一类的书。在修养方面，他如果是有志于品性的修炼的，自然会去看名人传记或经典格言等类的书，如果是觉得自己身体非锻炼不可的，自然会去看游泳、运动等类的书。这是趣味或修养方面的阅读，属于第三类。第一类关于职务的书是各人不相同的，银行家所该阅读的书和工程师不同，农业家所该阅读的书和音乐家不同。第二类的参考书，是因了专门业务的研究随时连类牵涉到的，也不能划出一定的种数。至于第三类的关于趣味或修养的书，更该让各个人自由分别选定。总而言之，读书和生活应该有密切的关联。

上面我把阅读的范围分为三个，（一）是关于个人职务的，（二）是参考的，（三）关于趣味或修养的。下面我将根据这几个原则对中学生诸君讲"阅读什么"的问题。

先讲关于职务的阅读。诸君的职务是什么呢？诸君是中学生，职务就在学习中学校的各种功课。诸君将来也许会做官吏、做律师、开商店、做教师，各有各的职务吧，现在却都在中学校受着中等教育，把中学校所规定的各种功课，好好学习，就是诸君的职务了。诸君在职务上该阅读的书不是别的，就是学校规定的各种教科书。诸君对于我这番话也许会认为无聊吧，也许有人说，我们每日捧了教科书上课堂、下课堂，本来天天在和教科书做伴侣，何必再要你来嘈杂呢？可是，我说这番话，自信态度是诚恳的。不瞒诸君说，我也曾当过许多年的中学教师，据我所晓得的情形，中学生里面能够好好地阅读教科书的人并不十分多。有些中学生喜欢读小说，随便看杂志，把教科书丢在一边，有些中学生爱读英文或国文，看到理化、算学的书就头痛。这显然是一种偏向的坏现象。一般的中学生虽没有这种偏向的情形，也似乎未能充分地利用教科书。教科书专为学习而编，所记载的只是各种学科的大纲，原并不是什么了不得的著作，但对于学习还是有价值的工具。学习一种功课，应该以教科书为基础，再从各方面加以扩充，加以比较、观察、实验、证明等种种切实的功夫，并非胡乱阅读几遍就可了事。举例来说，国语科的读书，通常是用几篇选文编成的，假定一册国文读本共有三十篇文章，你光是把这三十篇文章读过几遍，还是不够，你应该依据了这些文章做种种进一步的学习，如文法上的习惯咧、修辞上的

方式咧、断句和分段的式样咧，诸如此类的事项，你都须依据了这些文章来学习，收得扼要的知识才行。仅仅记牢了文章中所记的几个故事或几种议论，不能算学过国语一科的。再举一个例来说，算学教科书里有许多习题，你得一个一个地演习，这些习题，一方面是定理或原则的实际上的应用，一方面是使你对于已经学过的定理或原则更加明了的。例如四则问题有种种花样，龟鹤算咧、时计算咧、父子年岁算咧，你如果只演习了一个个的习题，而不能发见这些习题中的共通的关系或法则，也不好称为已学会了四则。依照这条件来说，阅读教科书并非容易简单的工作了。中学科目有十几门，每门的教科书先该平均地好好阅读，因为学习这些科目是诸君现在的职务。

次之讲到参考书。如果诸君之中有人问我，关于某一科应看些什么参考书？我老实无法回答。我以为参考书的需要因特种的题目而发生，是临时的，不能预先决定。干脆地说，对于第一种职务的书籍阅读得马马虎虎的人，根本没有阅读参考书的必要。要参考，先得有题目，如果心里并无想查究的题目，随便拿一本书来东翻西翻，是毫无意味的傻事，等于在不想查生字的时候去胡乱翻字典。就国语科举例来说，诸君在国语教科书里读到一篇陶潜的《桃花源记》，如果有不曾明白的词儿，得翻辞典，这时辞典（假定是《辞源》）就成了参考书。这篇文章是晋朝人做的，如果诸君觉得和别时代人所写的情味有些两样，要想知道晋代文的情形，就会去翻中国文学史（假定是谢无量编的《中国文学史》），这时文学史就成了诸君的参考书。这篇文章里所写的是一种乌托邦思想，诸君平日因了师友的指教，知道英国有一位名叫马列斯的社会思想家写过一本《理想乡消息》和陶潜所写的性质相近，拿来比较，这时，《理想乡消息》就成了诸君的参考书。这篇文章是属于记叙一类的，诸君如果想明白记叙文的格式，去翻看《记叙文作法》（假定是孙俍工编的），这时《记叙文作法》就成了诸君的参考书。还有，这篇文章的作者叫陶潜，诸君如果想知道他的为人，去翻《晋书·陶潜传》或《陶集》，这时《晋书》或《陶集》就成了诸君的参考书。这许多参考书是因为有了题目才发生的，没有题目，参考无从做起，学校图书室虽藏着许多的书，诸君自己虽买有许多的书，也毫无用处。国语科如此，别的科目也一样。诸君上历史课听教师讲英国的工业革命一课，如果对于这件历史上的事迹发生了兴趣或问题，就自然会请问教师得到许多的参考书，图书馆里藏着的《英国史》，各种经济书类，以及近来杂志上所发表过的和这事有关系的单篇文字，都成了诸君的参考书了。所以，我以为参考书不能预先开单子，只能照了所想参考的题目临时来决定。在到图书馆去寻参考书以前，我们应该先问自己，我所想参考的题目是什么？有了题目，不知道找什么书好，这是可以问教师、问朋友、查书目的，最怕的是连题目都没有。

上面所讲的是关于参考书的话。再其次要讲第三种关于趣味修养的书了。这类的书可以说是和学校功课无关的，不妨全然照了自己的嗜好和需要来选择。一个人的趣味是会变更的，一时喜欢绘画的人，也许不久会喜欢音乐，喜欢文学的人，也许后来会喜欢宗教。至于修养，方面更广，变动的情形更多。在某时候觉得自己身心上的缺点在甲方面，该补充矫正。过了些时，也许会觉得自己身心上的缺点在乙方面，该补充矫正了。这种自然的变更，原不该勉强拘束，最好在某一时期，勿把目标更动。这一星期读陶诗，下一星期读西洋绘画史，趣味就无法涵养了。这一星期读曾国藩家书，下一星期读程、朱语录，修养就难得有效果了。所以，我以为这类的书，在同一时期中，种数不必多，选择却要精。选定一二种，须定了时

期来好好地读。假定这学期定好了某一种趣味上的书，某一种修养上的书，不妨只管读去，正课以外，有闲暇就读，星期日读，每日功课完毕后读，旅行的时候在车上、船上读，逛公园的时候坐在草地上读。如果读到学期完了，还不厌倦，下学期依旧再读，读到厌倦了为止。诸君听了我这番话，也许会骇异吧。我自问不敢欺骗诸君，诸君读这类书，目的不在会考通过，也不在毕业迟早，完全为了自己受用，一种书读一年，读半年，全是诸位的自由，但求有益于自己就是，用不着计较时间的长短。把自己欢喜读的书永久地读，是有意义的。赵普读《论语》，是有名的历史故事。日本有一位文学家名叫坪内逍遥的，新近才死，他活了近八十岁，却读了五十多年的莎士比亚剧本。

我的话已完了。现在来一个结束。我以为：书是供给知识的一种工具，读书是改进生活、丰富生活的手段，该读些什么书要依了生活来决定选择。首先该阅读的是关于职务的书，第二是参考书，第三是关于趣味修养的书。中学生先该把教科书好好地阅读，因为中学生的职务就在学习中学校课程。参考书可因了所要参考的题目去决定，最要紧的是发现题目。至于趣味修养的书可自由选择，种数不必多，选择要精，读到厌倦了才更换。

怎样阅读

前天我曾对中学生诸君讲过一次话，题目是"阅读什么"。今天所讲的，可以说是前回的连续题目，是"怎样阅读"。前回讲"阅读什么"，是阅读的种类；今天讲"怎样阅读"，是阅读的方法。

"怎样阅读"和"阅读什么"一样，也是一个老问题，从来已有许多人对于这问题说过种种的话。我今天所讲的也并无前人所没有发表过的新意见、新方法，今天的话是对中学生诸君讲的，我只希望我的话能适合于中学生诸君就是了。

我在前回讲"阅读什么"的时候，曾经把阅读的范围划成三个方面：第一是职务上的书，第二是参考的书，第三是趣味修养的书。中学生的职务在学习，中学校的课程，中学校的各科教科书属于第一类；学习功课的时候须有别的书籍做参考，这些参考书属于第二类；在课外选择些合乎自己个人趣味或有关修养的书来阅读，这是第三类。今天讲"怎样阅读"，也仍想依据了这三个方面来说。

先讲第一类关于诸君职务的书，就是教科书。摆在诸君案头的教科书有两种性质可分，一种是有严密的系统的，一种是没有严密的系统的。如算学、理化、地理、历史、植物、动物等科的书，都有一定的章节，一定的前后次序，这是有系统的。如国文读本，如英文读本，就定不出严密的系统，一篇韩愈的《原道》可以收在初中国文第一册，也可以收在高中国文第二册；一篇富兰克林的传记，

可以摆在初中英文第三册，也可以摆在高中英文第二册。诸君如果是对于自己所用着的教科书留心的，想来早已知道这情形。这情形并不是偶然的，可以说和学科的性质有关。有严密的系统的是属于一般的所谓科学，像国文、英文之类是专以语言文字为对象的，除文法、修辞教科书外，一般所谓读本、教本，都是用来做模范做练习的工具的东西，所以本身就没有严密的系统了。教科书既然有这两种分别，阅读的方法就也应该有不同的地方。

如果把阅读分开来说，一般科学的教科书应该偏重于阅，语言文字的教科书应该偏重在读。一般科学的教科书虽也用了文字写着，但我们学习的目标并不在文字上，譬如说，我们学地理、学化学，所当注意的是地理、化学书上所记着的事项本身，这些事项除图表外原用文字记着，但我们不必专从文字上记忆揣摩，只要从文字去求得内容就够了。至于语言文字的学科就不同，我们在国文教科书里读到一篇文章——假定是韩愈的《画记》，这时我们不但该知道韩愈这个人，理解这篇《画记》的内容，还该有别的目标，如文章的结构、词句的式样、描写表现的方法等等，都得加以研究。如果读韩愈的《画记》，只知道当时曾有过这样的画，韩愈曾写过这样的一篇文章，那就等于不曾把这篇文章当作国文功课学习过。我们又在英文教科书里读华盛顿砍樱桃树的故事，目的并不在想知道华盛顿为什么砍樱桃树，砍了樱桃树后来怎样，乃是要把这故事当作学习英文的材料，收得英文上种种的法则。所以"阅读"两个字不妨分开来用，一般科学的教科书应懂它的内容，不必从文字上去瞎费力，只要好好地阅就行，像国文、英文两门是语言文字的功课，应在形式上多用力，只阅不够，该好好地读。

不论是阅或是读，对于教科书该毫不放松，因为这是正式功课，是诸君职务上的工作。有疑难，得去翻字典；有问题，得去查书。

这就是所谓参考了。参考书是为用功的人预备的，因为要参考先得有参考的项目或问题，这些项目或问题，要阅读认真的人才会从各方面发生。这理由我在前回已经讲过，诸君想听过的尚还能记忆，不多说了。现在让我来说些阅读参考书的时候该注意的事情。

第一，我劝诸君暂时认定参考的范围，不要把自己所要参考的项目或问题抛荒。我们查字典，大概把所要查的字或典故查出了就满足，不会再分心在字典上的。可是如果是字典以外的参考书，一不小心，往往有辗转跑远的事情。举例来说，你读《桃花源记》，为了"乌托邦思想"的一个项目，去把马列斯的《理想乡消息》来做参考书读，是对的，但你得暂时记住，你所要参考的是"乌托邦思想"，不是别的项目。你不要因读了马列斯的这部《理想乡消息》就把心分到很远的地方去。马列斯是主张美术的，是社会思想家，你如果不留意，也许会把所读的《桃花源记》忘掉，在社会思想啊、美术啊等等的念头上打圈子，从甲方面转到乙方面，再从乙方面转到丙方面，结果会弄得头脑杂乱无章。我们和朋友谈话的时候，常有把话头远远地扯开去，忘记方才所谈的是什么的。这和因为看参考书把本来的题目抛荒，情形很相像。懂得谈话方法的人，碰到这种情形常会提醒对手把话说回来，回到所要谈的事情上去。看参考书的时候，也该有同样的注意，和自己所想参考的题目无直接关系的方面，不该去多分心。

第二，是劝诸君趁参考之便，留意一般书籍的性质和内容大略。除了查检字典和翻阅杂志上的单篇文字以外，所谓参考书者，普通都是一部一部的独立的书籍。一部书有一部书的性质、内容和组织式样，你为了参考，既有机会去见到某一部书，乘便把这一部书的情形知道一些，是并不费事的。诸君在中学里有种种规定要做的工作，课外读书的时间很少，有些书在常识上、将来应用上却非知道

不可，例如，我们在中学校里不读"二十五史""十三经"，但"二十五史""十三经"是怎样的东西，却是该知道的常识。我们不做基督教徒，不必读圣书，但《新约》和《旧约》的大略内容，却是该知道的常识。如果你读历史课，对于"汉武帝扩展疆土"的题目，想知道得详细一点，去翻《史记》或是《汉书》，这时候你大概会先翻目录吧；你翻目录，一定会见到"本纪""列传""表""志"或"书"等等的名目，这就是《史记》或《汉书》的组织构造。你读了里面的《汉武帝本纪》一篇，或全篇里的几段，再把这些目录看过，在你就算是对于《史记》或《汉书》发生过关系，《史记》《汉书》是怎样的书，你可懂得大概了。再举一个例来说，你从植物学或动物学教师口头听到"进化论"的话，你如果想对这题目多知道些详细情形，你可到图书馆去找书来看。假定你找到了一本陈兼善著的《进化论纲要》，你可先阅序文，看这部书是讲什么方面的，再查目录，看里面有些什么项目。你目前所参考的也许只是其中的一节或一章，但这全书的概括知识，于你是很有用处的。你能随时留心，一年之中，可以收得许多书籍的概括的大略知识，久而久之，你就知道哪些书里有些什么东西，要查哪些事项，该去找什么书，翻检起来，非常便利。

以上所说的是关于参考书的话。参考书因参考的题目随时决定，阅读参考书的时候，要顾到自己所参考的题目，勿使题目抛荒，还要把那部书的序文、目录留心一下，记个大略情形，预备将来的翻检便利。

以下应该讲的是趣味修养的书，这类的书，我在上回曾经讲过，种数不必多，选择要精。一种书可以只管读，读到厌倦才止。这类的书，也该尽量地利用参考书。例如：你现在正读着杜甫的诗集，那么有时候你得翻翻杜甫的传记、年谱以及别人诗话中对于杜诗的评语等等的书。你如果正读着王阳明的《传习录》，你得翻翻王阳明的集子、他的传记以及后人关于程、朱、陆、王的论争的著作。把自己正在读着的书做中心，再用别的书来做帮助，这样，才能使你读着的书更明白，更切实有味，不至于犯浅陋的毛病。

上面所讲的是三种书的阅读方法。关于"阅读"两个字的本身，尚有几点想说说。我方才曾把教科书分为两种性质：一种是属于一般的科学的，有严密的系统；一种是属于语言文字的，没有严密的系统。我又曾说过，属于一般科学的该偏重在阅，属于语言文字的，只阅不够，该偏重在读。现在让我再进一步来说，凡是书都是用语言文字写成的，照普通的情形看来，一部书可以含有两种性质：书本身有着内容，内容上自有系统可寻，性质属于一般科学；书是用语言文字写着的，从形式上去推究，就属于语言文字了。一部《史记》，从其内容说是历史，但是也可以选出一篇来当作国文科教材。诸君所用的算学教科书，当然是属于科学一类的，但就语言文字看，也未始不可为写作上的参考模范。算学书里的文章，朴实正确，秩序非常完整，实是学术文的好模样。这样看来，任何书籍都可有两种说法，如果就内容说，只阅可以了，如果当作语言文字来看，那么非读不可。

这次播音，教育部托我担任的是中学国语科的讲话，我把我的讲话限在阅读方面。我所讲的只是一般的阅读情形，并未曾专就国语一科讲话。诸君听了也许会说我的讲话不合教育部所定的范围条件吧。我得声明，我不承认有许多独立存在的所谓国语科的书籍，书籍之中除了极少数的文法、修辞等类以外，都可以是不属于国语科的。我们能说《论语》《孟子》《庄子》《左传》是国语吗？能说《红楼梦》《水浒》《三国演义》是国语吗？可是如果从形式上着眼，当作语言文字来研究，那就没有一种不是国语科的材料，不但《论

语》《孟子》《庄子》《左传》是国语，《红楼梦》《水浒》《三国演义》是国语，诸君的物理教科书、植物教科书也是国语，甚至于张三的卖田契、李四的家信也是国语了。我以为所谓国语科，就是学习语言文字的一种功课；把本来用语言文字写着的东西，当作语言文字来研究，来学习，就是国语科的任务。所以我只讲一般的阅读，不把国语科特别提出。这层要请诸位注意。

把任何的书，从语言文字上着眼去学习研究，这种阅读，可以说是属于国语科的工作。阅读通常可分为两种，一是略读，一是精读。略读的目的在理解，在收得内容；精读的目的在揣摩，在鉴赏。我以为要研究语言文字的法则，该注重于精读。分量不必多，要精细地读，好比临帖，我们临某种帖，目的在笔意相合，写字得它的神气，并不在乎抄录它的文字。假定这部帖里共有一千个字，我们与其每日瞎抄一遍，全体写一千个字，倒不如拣选十个或二十个有变化的有趣味的字，每字好好地临几遍，来得有效。诸君读小说，假定是茅盾的《子夜》，如果当作语言文字的学习的话，所当注意的不但该是书里的故事，对于书里面的人物描写、叙事的方法、结构照应以及用辞、造句等等也该大加注意。诸君读诗歌，假定是徐志摩的诗集，如果当语言文字学习的话，不但该注意诗里的大意，还该留心它的造句、用韵、音节以及表现、联想、对仗、风格等等的方面。语言文字上的变化技巧，其实并不十分多的，只要能留心，在小部分里也大概可以看得出来。假定一部书有五百页，每一页有一千个字，如果第一页你能看得懂，那么我敢保证，你是能把全书看懂的。因为全书所有的语言文字上的法则在第一页一千字里面大概都已出现。举例来说，文法上的法则，像动词的用法、接续词的用法、形容词的用法、助词的用法，以及几种句子的结合法，都已出现在第一页了。我劝诸君能在精读上多用力。

为了时间关系，我的话就将结束。我所讲的话，乱杂、疏漏的地方自己觉得很多，请诸君代去求教师替我修正。关于中学国语科的阅读，我几年前曾发表过好些意见，所说的话和这回大有些不同。记得有两篇文章，一篇叫作《关于国文的学习》，载在《中学各科学习法》（《开明青年丛书》之一）里，还有一篇叫《国文科课外应读些什么》，载在《读书的艺术》（《中学生杂志丛刊》之一）里，诸君如未曾看到过的，请自己去看看，或者对于我这回的讲话，可以得到一些补充。我这无聊的讲话，费了诸君许多课外的时间，对不起得很。

写作什么

　　国文科牵涉的事项很多，这儿只讲一点关于写作的话。分两次讲，这一次的题目是"写作什么"，下一次的题目是"怎样写作"。我的话对于诸位不会有直接的帮助，我只希望能有间接的帮助。就是说，诸位听了我的话，把应该留心的留心起来，把应该避忌的随时避忌，什么方面应该用力就多多用力，什么方面不必措意就不去白费心思。这样经过相当的时候，写作能力自然渐渐增进了。

　　诸位现在写作，大概有以下的几个方面：国文教师按期出题目，教诸位练习，就要写作了；听了各门功课，有的时候要作笔记，做了各种试验，有的时候要作报告，就要写作了；游历一处地方，想把所见所闻以及感想记下来，离开了家属和亲友，想把最近的生活情形告诉他们，就要写作了；有的时候有种种观感凝结成一种意境，觉得要把这种意境化为文字，心里才畅快，也就要写作了。

　　以上几方面的写作材料都是诸位生活里原有的，不是从生活以外去勉强找来的。换句话说，这些写作材料都是自己的经验。我们平时说话，从极简单的日常用语到极繁复的对于一些事情的推断和评论，都无非根据自己的经验。因为根据经验，说起来就头头是道，没有废话，没有瞎七搭八的无聊话。如果超出了经验范围，却去空口说白话，没有一点天文学的知识，偏要讲星辰怎样运行，没有一点国际政治经济的学问，偏要推断意阿战争、海军会议的将来，一定说得牛头不对马嘴，徒然供人家作为嗤笑的资料。一个人如有自知之明，总不肯做这样的傻事，超出了自己的经验范围去瞎说。他一定知道自己有多少经验，什么方面他可以说话，什么方面他不配开口。在不配开口的场合就不开口，这并不是难为情的事，而正是一种诚实的美德。经验范围像波纹一样，越来越扩大。待扩大到相当的时候，本来不配开口的配开口了，那才开口，也并不嫌迟。作文原是说话的延续，用来济说话之穷，在说话所及不到的场合，就作文。因此作文自然应该单把经验范围以内的事物作为材料，不可把经验范围以外的事物勉强拉到笔底下来。照诸位现在写作的几个方面看，所有材料都是自己的经验，这正是非常顺适的事。顺着这个方向走去，是一条写作的平坦大路。

这层意思好像很平常，其实很重要。因为写作的态度就从这上边立定下来。知道写作原是说话的延续，写作材料应该以自己的经验为范围，这就把写作看作极寻常可是极严正的事。人人要写作，正同人人要说话一样，岂不是极寻常？不能超出自己的经验，不能随意乱道，岂不是极严正？这种态度是正常的，抱着这种态度的人，写作对于他是一种有用的技能。另外还有一种态度，把写作看作极特殊可是极随便的事。拿从前书塾里的情形来看，更可以明白。从前书塾里，学生并不个个作文。将来预备学工业、商业的，读了几年书认识一些字也就算了，只有预备应科举的几个才在相当的时候开始作文。开始作文称为"开笔"，那是一件了不得的事，开了笔的学生对先生要加送束脩，家长对人家说"我的孩子开笔了"，往往露出得意的笑容。这为什么呢？因为作了文可以应科举，将来的飞黄腾达都种因在这上边，所以大家都认为是一件极特殊的事，这特殊的事并且是属于少数人的。再看开了笔作些什么呢？不是《温故而知新说》就是《汉高祖论》之类。新呀故呀翻来覆去缠一阵就算完

了篇；随便抓住汉高祖的一件事情，把他恭维一顿，或者唾骂一顿，也就算完了篇。这些材料大部分不是自己的经验，无非仿效别人的腔调，堆砌一些毫不相干的意思，说得坏一点，简直是鹦鹉学舌，文字游戏。从这条路径发展下去，这就来了专门拼凑典故的文章，无病呻吟的诗词。自己的经验是这样，写出来却并不这样，或许竟是相反的那样。写作同实际生活脱离了关系，只成为装点生活的东西，又何贵乎有这种写作的技能呢？所以说，这种态度是极随便的。

到现在，科举虽然废掉了，作文虽然从小学初年级就要开始，可是大家对于写作的态度还没有完全脱去从前的那种弊病。现在个个学生要作文，固然不再是少数人的特殊的事，但是往往听见学生说"我没有意思，没有材料，拿起笔简直写不出什么来"，或者说："今天又要作文了，真是讨厌！"这些话表示一种误解，以为作文是学校生活中的特殊的事，而且须离开自己的经验去想意思，去找材料，自己原有的经验好像不配作为意思、不配充当材料似的。再从这里推想开去，又似乎所谓意思、所谓材料是一种说来很好听、写来很漂亮但不和实际生活发生联系的花言巧语。这种花言巧语必须费很大的力气去搜寻，像猎犬去搜寻潜伏在山林中的野兽。搜寻未必就能得到，所以拿起笔写不出什么来，许多次老写不出什么来，就觉得作文真是一件讨厌的事。进一步说，抱着这样的态度作文，即使能够写出什么来，也不是值得欢慰的事。因为作文决不是把一些很好听、很漂亮的花言巧语写在纸上就算完事的，必须根据经验，从实际生活里流注出来，那才合乎所以要作文的本意。离开了自己的经验而去故意搜寻，虽然搜寻的工夫也许很麻烦，但是不能不说他把作文看得太随便了。把作文看得特殊又看得随便的态度使作文成为一种于人生无用的技能。这种态度非改变不可。诸位不妨自己想想：我把作文认作学校生活中的特殊的事吗？我离开了自己的经验故意去搜寻虚浮的材料吗？如果不曾，那就再好没有。如果确曾这样，而且至今还是这样，那就请立刻改变过来，改变为正当的态度，就是把作文看得寻常又看得严正的态度。抱着正当的态度的人决不会说没有意思、没有材料，因为他决不会没有经验，经验就是他的意思和材料。他又决不会说作文真是讨厌的事，因为作文是他生活中的一个项目，好比说话和吃饭各是生活中的一个项目，无论何人决不会说说话和吃饭真是讨厌。

以上说了许多话，无非说明写作材料应以自己的经验为范围。诸位现在写作的几个方面原都不出这个范围，只要抱正当的态度，动一回笔自然得到一回实益。诸位或者要问："教师命题作文，恐怕不属于我们的经验范围以内吧。"我可以这样回答，凡是贤明的国文教师，他出的题目应当不超出学生的经验范围，他应当站在学生的立脚点上替学生设想，什么材料是学生经验范围内的，是学生所能写的、所要写的，经过选择才定下题目来。这样，学生同写一封信、作一篇游记一样，仍然是为着发表自己的经验而写作，同时又得到了练习的益处。我知道现在的国文教师贤明的很多，他们根据实际的经验和平时的研究，断不肯出一些离奇的题目，离开学生的经验十万八千里，教学生搔头摸耳，叹息说没有意思、没有材料的。自然，也难免有一些教师受习惯和环境的影响，出的题目不很适合学生的胃口，我见过的《学而时习之论》就是一个例子。我若是学生，就不明白这个题目应该怎样地论。学而时习之，照常识讲，是不错的。除了说这个话不错以外，还有什么可说呢？这种题目，从前书塾里是常出的，现在升学考试和会考也间或有类似的题目。那位教师出这个题目，大概就由于这两种影响。诸位如果遇见了那样的教师，只得诚诚恳恳地请求他，说现在学会作这样的题目，只有逢到考试也许有点用处，在实际生活中简直没有需要作这样题目的时候。

即使您先生认为预备考试的偶尔有用也属必要，可否让我们少作几回这样题目，多作几回发表自己经验的文章？这样的话很有道理，并不是什么非分的请求。有道理的话，谁不愿意听？我想诸位的教师一定会依从你们的。

再说经验有深切和浅薄的不同，有正确和错误的不同。譬如我们走一条街道，约略知道这条街道上有二三十家店铺，这不能不算是经验。但是我们如果仔细考察，知道这二三十家店铺属于哪一些部门，哪一家的资本最雄厚，哪一家的营业最发达，这样的经验比前面的经验深切多了。又譬如我们小时候看见月食，老祖母就告诉我们，这是野月亮要吞家月亮，若不敲锣打鼓来救，家月亮真个要被吃掉的。我们听了记在心里，这也是我们的经验，然而是错误的。后来我们学了地理，懂得星球运行的大概，才知道并没有什么野月亮，更没有吞食家月亮这回事，那遮没了月亮的原来是地球的影子。这才是正确的经验。这不过是两个例子，此外可以依此类推。我们写作，正同说话一样，总希望写出一些深切的正确的经验，不愿意涂满一张纸的全是一些浅薄的错误的经验。不然，就是把写作看得太不严正，和我们所抱的态度违背了。

单是写出自己的经验还嫌不够，要更进一步给经验加一番洗练的工夫，才真正做到下笔绝不随便，合乎正当的写作态度。不过这就不止是写作方面的事了，而且也不止是国文科和各学科的事，而是我们整个生活里的事。我们每天上课，看书，劳作，游戏，随时随地都在取得经验，而且使经验越来越深切，越来越正确。这并不是为作文才这样做，我们要做一个有用的人，要做一个健全的公民，就不得不这样做。这样做同时给写作开了个活的泉源，从这个泉源去汲取，总可以得到澄清的水。所怕的是上课不肯好好地用功，看书没有选择又没有方法，劳作和游戏也只是随随便便，不用全副精神对付，只图敷衍过去就算，这样，经验就很难达到深切和正确的境界。这样的人做任何事都难做好，当然不能称为有用，当然够不上叫作健全的公民。同时他的写作的泉源干涸了，勉强要去汲取，汲起来的也是一盏半盏混着泥的脏水。写作材料的来源普遍于整个生活里，整个生活时时在那里向上发展，写作材料自会滔滔汩汩地无穷尽地流注出来，而且常是澄清的。有些人不明白这个道理，以为写作只要伏在桌子上拿起笔来硬干就会得到进步，不顾到经验的积累和洗练，他们没想到写作原是和经验纠结而不可分的。这样硬干的结果也许会偶尔写成一些海市蜃楼那样很好看的文字，但是这不过一种毫无实用的玩意儿，在实际生活里好比赘瘤。这种技术是毫无实用的技术。希望诸位记着写作材料的来源普遍于整个的生活，写作固然要伏在桌子上，写作材料却不能够单单从伏在桌子上取得。离开了写作的桌子，上课、看书、劳作、游戏，刻刻认真，处处努力，一方面是本来应该这么做，另一方面也就开凿了写作材料的泉源。

现在来一个结束。写作什么呢？要写出自己的经验。经验又必须深切，必须正确，这要从整个生活里去下功夫。有了深切的正确的经验，写作就不愁没有很好的材料了。

怎样写作

　　这一次讲的题目是"怎样写作"。怎样写作，现在有好些作文法一类的书，讲得很详细。不过写作的时候，如果要临时翻查这些书，一一按照书里说的做去，那就像一手拿着烹饪讲义一手做菜一样，未免是个笑话了。这些书大半从现成文章里归纳出一些法则来，告诉人家怎样怎样写作是合乎法则的，也附带说明怎样怎样写作是不合乎法则的。我们有了这些知识，去看一般文章就有了一支量尺，不但知道某一篇文章好，还说得出好在什么地方，不但知道某一篇文章不好，还说得出不好在什么地方。自然，这些知识也能影响到我们的写作习惯，可是这种影响只在有意无意之间。写文章，往往会在某些地方写得不合法则，有了作文法的知识，就会觉察到那些不合法则的地方。于是特地留心，要把它改变过来。这特地留心未必马上就有成效，或许在三次里头，两次是改变过来了，一次却依然犯了老毛病。必须从特地留心成为不待经意的习惯，才能每一次都合乎法则。所以作文法一类书对于增强我们看文章的眼力有些直接的帮助，对于增强我们写文章的腕力只有间接的帮助。所以光看看这一类书未必就能把文章写好。如果临到作文而去翻查这些书，那更是毫无实益的傻事。

　　诸位现在都写语体文。语体文的最高的境界就是文章同说话一样。写在纸上的一句句的文章，念起来就是口头的一句句的语言，教人家念了听了，不但完全明白文章的意思，还能够领会到那种声调和神气，仿佛当面听那作文的人亲口说话一般。要达到这个境界，不能专在文字方面做功夫，最要紧的还在锻炼语言习惯。因为语言好比物体的本身，文章好比给物体留下一个影像的照片，物体本身完整而有式样，拍成的照片当然完整而有式样。语言周妥而没有毛病，按照语言写下来的文章当然也周妥而没有毛病了。所以锻炼语言习惯是寻到根源去的办法。不过有一句应当声明，语言习惯是本来要锻炼的。一个人生活在人群中间，随时随地都有说话的必要，如果语言习惯上有了缺点，也就是生活技能上有了缺点，那是非常吃亏的。把语言习惯锻炼得良好，至少就有了一种极关重要的生活技能。对于作文，这又是一种最可靠的根源。我们怎能不努力锻炼呢？

现在小学里有说话的科目，又有演讲会、辩论会等组织，中学里，演讲会和辩论会也常常举行。这些都是锻炼语言习惯的。参加这种集会，仔细听人家说的话，往往会发现以下几种情形。说了半句话，缩住了，另外换一句来说，和刚才的半句话并没有关系，这是一种。"然而""然而"一连串，"那么""那么"一大堆，照理用一个就够了，因为要延长时间，等待着想下面的话，才说了那么许多，这是一种。应当"然而"的地方不"然而"，应当"那么"的地方不"那么"，只因为这些地方似乎需要一个词，可是想不好该用什么词，无可奈何，就随便拉一个来凑数，这是一种。有一些话听去很不顺耳，仔细辨辨，原来里头有几个词用得不妥当，不然就是多用了或者少用了几个词，这又是一种。这样说话的人，他平时的语言习惯一定不很好，而且极不留心去锻炼，所以在演讲会、辩论会里就把弱点表露出来了。若教他写文章，他自然按照自己的语言习惯写，那就一定比他的口头语言更难使人明白。因为说话有面部

的表情和身体的姿势作为帮助，语言虽然差一点，还可以使人家大体明白。写成文章，面部的表情和身体的姿势是写不进去的，让人家看见的只是支离破碎前不搭后的一些文句，岂不教人糊涂？我由于职务上的关系，有机会读到许多中学生的文章，其中有非常出色的，也有不通的，所谓不通，就是除了材料不健全不妥当以外，还犯了前面说的几种毛病，语言习惯上的毛病。这些同学如果平时留心锻炼语言习惯，写起文章来就可以减少一些不通。加上经验方面的洗练，使写作材料健全而妥当，那就完全通了。所谓"通"原来不是什么高不可攀的境界。

锻炼语言习惯要有恒心，随时随地当一件事做，正像矫正坐立的姿势一样，要随时随地坐得正立得正才可以养成坐得正立得正的习惯。我们要要求自己，无论何时不说一句不完整的话，说一句话一定要表达出一个意思，使人家听了都能够明白；无论何时不把一个不很了解的词硬用在语言里，也不把一个不很适当的词强凑在语言里。我们还要要求自己，无论何时不乱用一个连词，不多用或者少用一个助词。说一句话，一定要在应当"然而"的地方才"然而"，应当"那么"的地方才"那么"，需要"吗"的地方不缺少"吗"，不需要"了"的地方不无谓地"了"。这样锻炼好像很浅近、很可笑，实在是基本的，不可少的。家长对于孩子，小学教师对于小学生，就应该教他们，督促他们，作这样的锻炼。可惜有些家长和小学教师没有留意到这一层，或者留意到而没有收到相当的成效。我们要养成语言这个极关重要的生活技能，就只得自己来留意。留意了相当时间之后，就能取得锻炼的成效。不过要测验成效怎样，从极简短的像"我正在看书""他吃过饭了"这些单句上是看不出来的。我们不妨试说五分钟连续的话，看这一番话里能够不能够每句都符合自己提出的要求。如果能够了，锻炼就已经收了成效。到这地步，作起文来就不觉得费事了，口头该怎样说的笔下就怎样写，把无形的语言写下来成为有形的文章，只要是会写字的人，谁又不会做呢？依据的是没有毛病的语言，文章也就不会不通了。

听人家的语言，读人家的文章，对于锻炼语言习惯也有帮助。只是要特地留意，如果只大概了解了人家的意思就算数，对于锻炼我们的语言就不会有什么帮助了。必须特地留意人家怎样用词，怎样表达意思，留意考察怎样把一篇长长的语言顺次地说下去。这样，就能得到有用的资料，人家的长处我们可以汲取，人家的短处我们可以避免。

写语体文只是十几年来的事。好些文章，哪怕是有名的文章家写的，都还不纯粹是口头的语言。写语体文的技术还没有练到极纯熟的地步。不少人为了省事起见，往往凑进一些文言的调子和语汇去，成为一种不尴不尬的文体。刚才说过，语体文的最高境界就是文章同说话一样。所以这种不尴不尬的文体只能认为过渡时期的产物，不能认为十分完善的标准范本。这一点认清楚了，才可以不受现在文章的坏影响。但是这些文章也有长处，当然应该摹仿；至于不很纯粹的短处，就努力避免。如果全国中学生都向这方面用工夫，不但自己的语言习惯可以锻炼得非常好，还可以把语体文的文体加速地推进到纯粹的境界。

从前的人学作文章都注重诵读，往往说，只要把几十篇文章读得烂熟，自然而然就能够下笔成文了。这个话好像含有神秘性，说穿了道理也很平常，原来这就是锻炼语言习惯的意思。文言不同于口头语言，非但好多词不同，一部分语句组织也不同。要学不同于口头语言的文言，除了学这种特殊的语言习惯以外，没有别的方法。而诵读就是学这种特殊的语言习惯的一种锻炼。所以前人从诵读学作文章的方法是不错的。诸位若要作文言，也应该从熟读文言入手。

不过我以为诸位实在没有作文言的必要。说语体浅文言深，先习语体，后习文言，正是由浅入深，这种说法也没有道理。文章的浅深该从内容和技术来决定，不在乎文体的是语体还是文言。况且我们既是现代人，要表达我们的思想情感，在口头既然用现代的语言，在笔下当然用按照口头语言写下来的语体。能写语体，已经有了最便利的工具，为什么还要去学一种不切实用的文言？若说升学考试或者其他考试，出的国文题目往往有限用文言的，不得不事前预备，这实在由于主持考试的人太不明白。希望他们通达起来，再不要做这种故意同学生为难而毫没有实际意义的事。而在这种事还没有绝迹以前，诸位为升学计，为通过其他考试计，就只得分出一部分工夫来，勉力去学作文言。

以上说了许多话，无非说明要写通顺的文章，最要紧的是锻炼语言习惯。因为文章就是语言的记录，二者本是同一的东西。可是还得进一步，还不能不知道文章和语言两样的地方。前面说过，说话有面部的表情和身体的姿势作为帮助，但是文章没有这样的帮助，这就是两样的地方。写文章得特别留意，怎样适当地写才可以不靠这种帮助而同样可以使人家明白。两样的地方还有一些。如两个人闲谈，往往天南地北，结尾和开头竟可以毫不相关。就是正式讨论一个问题，商量一件事情，有时也会在中间加入一段插话，像藤蔓一样爬开去，完全离开了本题。直到一个人省悟了，说："我们还是谈正经话吧。"这才一刀截断，重又回到本题。作文章不能这样。文章大部分是预备给人家看的，小部分是留给自己将来查考的，每一篇都有一个中心，没有中心就没有写作的必要。所以写作只该把有关中心的话写进去，而且要配列得周妥，使中心显露出来。那些漫无限制的随意话，像藤蔓一样爬开去的枝节话，都该剔除得干干净净，不让它浪费我们的笔墨。又如用语言讲述一件事情，往往噜噜苏苏，细大不涓；传述一场对话，更是照样述说，甲说什么，乙说什么，甲又说什么，乙又说什么。作文章不能这样。文章为求写作和阅读双方的省事，最要讲究经济。一篇文章，把紧要的话都漏掉，没有显露出什么中心来，这算不得经济。必须把紧要的话都写进去，此外再没有一句噜苏的话。正像善于用钱的人一样，不该省钱的地方决不妄省一个钱，不该费钱的地方决不妄费一个钱，这才够得上称为经济。叙述一件事情，得注意详略。对于事情的经过不做同等分量的叙述，必须教人家详细明白的部分不惜费许多笔墨，不必教人家详细明白的部分就一笔带过。如果记人家的对话，就得注意选择。对于人家的语言不作照单全收的记载，足以显示其人的思想、识见、性情等等的才入选，否则无妨丢开。又如说话往往用本土的方言以及本土语言的特殊调子。作文章不能这样。文章得让大家懂，得预备给各地的人看，应当用各地通行的语汇和语调。本土的语汇和语调必须淘汰，才可以不发生隔阂的弊病。以上说的是文章和语言两样的地方。知道了这几层，也就知道作文技术的大概。由知识渐渐成为习惯，作起文来就有记录语言的便利而没有死板地记录语言的缺点了。

现在来一个结束。怎样写作呢？最要紧的是锻炼我们的语言习惯。语言习惯好，写的文章就通顺了。其次要辨明白文章和语言两样的地方，辨得明白，能知能行，写的文章就不但通顺，而且是完整而无可指摘的了。

生命和小皮箱

空袭警报传来的时候，许多人匆匆忙忙跑到避难室防空壕里去。其中有些人，手里提着一只小皮箱。小皮箱里盛的什么？不问可知是金银财物证券契据之类，总之是值钱的东西，可以活命的东西。生命保全了，要是可以活命的东西保不住，还是不得活命。带在身边，那就生命和可以活命的东西"两全"了。这样想法原是人情之常，无可非议。

我现在想猜度各人对生命和小皮箱的观念。

也许作这样想吧：——既已有了生命，别的且不管，生命总得保住，直到事实上再也不能保住的一瞬间。敌人的轰炸机来了，当前有避难室防空壕，当然要躲到里头去，因为这是保住生命惟一的办法。待听到了一声拖得很长的解除警报，走出避难室防空壕一看，假如满眼是坍毁了的房屋，翻了身的田园，七零八落的肢体，不免点头自慰，生命过了一道难关了。其时看看手里的小皮箱，好好的，没有裂开一道缝，更不免暗自庆幸。有这个小皮箱在，那么一个地下室毁了还有别的地下室，一个防空壕炸了还有别的防空壕，敌人炸到东边，自己可以逃到西边，旅馆总有得住，馆子里的饭菜总有得吃。有得住又有得吃，不是生命仍然可以保住吗？

也许作这样想吧：——自己的生命是与别人的生命有关联的，自己的小皮箱是与别人的小皮箱"休戚与共"的。仅仅想保住自己的生命，生命难保；仅仅想依靠自己的小皮箱，小皮箱毫无用处。因此，要保住生命就得推广开来保住"四万万同胞"的生命，要依靠小皮箱就得推广开来依靠整个中华国土这个其大无比的小皮箱。（整个中华国土不是我们的小皮箱吗？）敌人的轰炸机来了，当前有避难室防空壕，自然要往里头躲，血肉之躯拼不过炸弹，这是常识。手头有个小皮箱，自然不妨提着走，化为灰屑究竟是可惜的。但是在听到一声拖得很长的解除警报之后，见到自己的生命和小皮箱都还存在，并不觉得有什么可以安慰庆幸之处，只觉得一种责任感压在心头，非立刻再去操心思，流血汗，干那保住大众的生命，守护其大无比的小皮箱的工作不可。

我只能猜度，不能发掘人家的心。重庆人口头惯说"要得""要不得"，提着小皮箱跑进避难室防空壕的人不妨问问自己：哪一种想头"要得"，哪一种"要不得"？还不妨问问自己：自己的想头属于哪一种？

知识分子

　　有些研究历史的人说我国的传统政治是"中国式的民主"，他们的论据是：我国的传统，政府中的官吏完全来自民间，既经过公开的考试，又把额数分配到全国各地，并且按一定年月，使新分子陆续参加进来，由此可见我国政府早已全部由民众组成了。

　　"民主"这个词儿来自西方，不是我国所固有，咱们也不必考据这个词儿的语源，大家心目中自然有个大致共通的概念。总之，咱们决不把通过考试的办法选出一批人来做官叫作民主，就像咱们决不把一家老板店，因为他选用了张三李四等人做伙计，就认它是公司组织。在传统政治上，做官只是当伙计。伙计之上有个老板在，就是皇帝。汉唐盛世也罢，叔季衰世也罢，皇帝总是"家天下"的。他行仁政，无非像聪明的畜牧家一样，给牛羊吃得好些，好多挤些奶汁。他行暴政，也只是像败家子的行径，只顾一时的纵欲快意，不惜把自己的家业尽量糟蹋，结果至于家破人亡。皇帝而能"公天下"，站在民众的立场，为民众的全体利益着想，那是不能想象的事。如今咱们心目中的民主却是真正的"公天下"，全体民众个个是老板，成个公司组织，决不要一个人当老板，由一批伙计来帮他开店。那些研究历史的人也知道，要是把我国的传统政治认为咱们心目中的民主，那未免歪曲得过了分，自己也不好意思，因此只得勉勉强强加上"中国式的"四个字，以便含混过去。至于他们为什么要这么说，说得委婉些，可以借用《庄子》里所说的，"夫子犹有蓬之心也夫"。说得直捷些，就是他们想做官，为了想做官，宁可违犯几个月以前发布的《审查图书杂志条例》中"不得歪曲历史事实"的条款。

放过那些研究历史的人不谈，且来谈谈做官。自古以来，做官好像是知识分子的专业，固然很有些官儿并不是知识分子出身，但是知识分子的共同目标就是做官却是事实。换句话说，就是要找个老板，当他的伙计，帮他的忙。"孔子三月无君则皇皇如也"，你看他找老板的心情何等迫切。像孔子那样的人物，虽然时代不同，不会有现代人心目中的民主观念，可是由于他的仁心，不能不说他心在斯民。然而他如果真个找到了个信用他的老板，就不能不处于伙计的地位，为老板的利益打算，至少不得损害老板的利益。而那老板的利益与民众的利益是先天矛盾的，那老板是以侵害民众的利益为利益的。所以"致君尧舜上"只成为自来抱着好心肠的知识分子的梦想。尧舜当时是否顾到民众的全体利益，史无明文。咱们只知道一般历史家的看法，尧舜而后再没有比得上尧舜的皇帝。梦想不得实现，于是来了"不遇"的叹息，来了"用舍行藏"的人生哲学。这是说，没有老板用我，我找不到个合式的老板，我就不预备当伙计就是了。那当然与老板毫无关系，他只是我行我素，照样以侵害民众的利益为利益。

做官也着实不容易。做官做到宰相，一人之下，万人之上，总算到了顶儿尖儿了。而且，在前面所说那些研究历史的人看来，宰相制度是"中国式的民主"的最好表现。他们说在明朝以前，宰相是政府的领袖，皇帝的诏命非经宰相副署，不生效力，于此可见皇帝并不能专制。然而，单看汉朝一代，丞相因为得罪而罢黜的，被杀的，自杀的，就有不少。皇帝这个老板是很难侍候的，规谏他过

了分，逢迎他不到家，都有吃官司的可能。俗语说"伴君如伴虎"，实在不算过分。所以二疏①勇于早退，传为千古美谈。某人终身不仕，值得写在传记里，好像是一件了不起的事。这不是说他们看透了皇帝的利益与民众的利益矛盾，故而不屑当皇帝的伙计，去侵害民众的利益，只是说他们比一般知识分子乖觉些，能够早早脱离危险，或者根本就不去接近危险罢了。一些高蹈的诗歌文章大抵是从这样来的。元朝人写些曲子，极大一部分表示看轻利禄的思想，骨子里只是说明了在异族入侵的时代，皇帝的伙计更不容易当，或者你想当也当不上。

　　知识分子似乎没有做皇帝的。历代打天下的与篡位的，都不是知识分子。这因为知识分子没有实力，他注定是个伙计的身份。既然注定当伙计，即使他胞与为怀，立志要为民众的全体利益打算，碰到老板这一关，就只好完全打消。张横渠的"四句教"道，"为天地立心，为生民立命，为往圣继绝学，为万世开太平"，可以说是志大言大了。前三句不去管它，单看第四句，他说要为万世开太平。什么叫太平？依咱们想来，该是指民众都得享受好的生活而言。民众不是空空洞洞的一个概念，是张三李四等无数具体的人。好的生活不是空口说白话，是物质上以及精神上的享受都要确确实实够得上标准。试想，张三李四等无数具体的人的物质上以及精神上的享受都要确确实实够得上标准，这样的太平是皇帝和他的伙计们所能容许的吗？这样的太平真个"开"了出来的时候，还有皇帝和他的伙计们存在的余地吗？所以"四句教"只能在理学家的口头谈说，心头念诵，而太平始终"开"不出来，历代的民众始终在苦难中过活。

---

　　① 二疏：指汉宣帝时的名臣疏广和他的侄子疏受。疏广任太子太傅，疏受任太子少傅，两人后来同时辞官引退。

能够帮助皇帝的是好伙计。皇帝要开道帮他开道，要聚敛帮他聚敛，要提倡文术就吟诗作赋，研经治史，要以孝治天下就力说孝怎样怎样有道理，这些人所得的品评虽然未必全好，可是在当时总可以致身显贵，不愁没有好的享受。然而与民众的全体利益都没有什么关系，因为他们根本没有从民众的全体利益出发，他们只是帮了皇帝的忙。你看，司马光编了一部史书，宋神宗赐名《资治通鉴》，"资治"，不是说这是皇帝的参考书吗？司马光当然是个好伙计。还有王安石，他的新政没有能够推行。而今人却认他为大政治家。现在不问他是不是大政治家，单问他计划他的新政，到底为宋室打算，还是为民众的全体利益打算？想来也只能说他是宋神宗的一个好伙计，而不是代表什么民众的利益的吧。你要做官，不论做得好做得坏，只能站在皇帝的一边。站在皇帝的一边，自然不能同时站在民众的一边。武断一点说，我国历史上就不曾有过站在民众一边的官。

用考试的办法选出一批人来做官，当皇帝的伙计，就说这是民主，那是小孩儿也骗不动的。不料偏有人要想骗这么一骗，真可谓其愚不可及也。

时代过去了，皇帝没有了，国家的名号也换过，改称民国了，可是看看教育界的精神，还是在那里养成一批伙计，看看大部分的知识分子，还是一副伙计的嘴脸。这倒不是民主能不能实现，民众能不能做成老板的问题。到机缘成熟的时候，就会来这么一个激变，那时候，该实现的实现了，要做成的做成了，只有知识分子守着传统的伙计精神，以不变应万变，却是绝对没有安身立命的余地的。

以画为喻

　　咱们画图，有时候为的实用。编撰关于动物植物的书籍，要让读者明白动物植物外面的形态跟内部的构造，就得画种种动物植物的图。修建一所房屋或者布置一个花园，要让住在别地的朋友知道房屋花园是怎么个光景，就得画关于这所房屋这个花园的图。这类的图，绘画动机都在实用。读者看了，明白了，住在别地的朋友看了，知道了，就完成了它的功能。

　　这类的图决不能随便乱画。首先要把画的东西看得明白，认得确切。譬如画猫吧，它的耳朵怎么样，它的眼睛怎么样。你如果没有看得明白，认得确切，怎么能下手？随便画上猪的耳朵，马的眼睛，那是个怪东西，决不是猫；人家看了那怪东西的图，决不能明白猫是怎样的动物。所以，要画猫就得先认清猫。其次，画图得先练成熟习的手腕，心里想画猫，手上就得画成一只猫。像猫这种动物，咱们中间谁还没有认清，可是咱们不能人人都画得成一只猫；画不成的原因，就在于熟习的手腕没有练成。明知道猫的耳朵是怎样的，眼睛是怎样的，可是手不应心，画出来的跟知道的不相一致，这就成猪的耳朵马的眼睛，或者什么也不像了。所以，要画猫又得练成从心所欲的手段。

　　咱们画图，有时候并不为实用。看见一个老头儿，觉得他的躯干，他的面部的器官，他的蓬松的头发跟胡子，线条都非常之美，配合起来，是一个美的和谐，咱们要把那美的和谐表现出来，就动手画那个老头儿的像。走到一处地方，看见三棵老柏树，那高高向上的气派，那倔强矫健的姿态，那苍然蔼然的颜色，都仿佛是超然不群的人格的象征，咱们要把这一点感兴表现出来，就动手画那三棵老柏树的图。这类的图，绘画的动机不为实用，可以说无所为。但也可以说有所为，为的是表出咱们所见到的一点东西，从老头儿跟三棵老柏树所见到的一点东西——"美的和谐""仿佛是超然不群的人格的象征"。

这类的图也不能随便乱画。第一，见到须是真切的见到。人家说那个老头儿很美，你自己不加辨认，也就跟着说那个老头儿很美，这就不是真切的见到。人家都画柏树，以为柏树的挺拔之概值得画，你就跟着画柏树，以为柏树的挺拔之概值得画，这就不是真切的见到。见到不真切，实际就是无所见；无所见可是还要画，结果只画了个老头儿，画不出那"美的和谐"来；只画了三棵老柏树，画不出那"仿佛是超然不群的人格的象征"来。必须要把整个的心跟事物相对，又把整个的心深入事物之中，不仅认识它的表面，并且透达它的精蕴，才能够真切地见到些什么。有了这种真切的见到，咱们的图才有了根本，才真个值得动起手来。第二，咱们的图既以咱们所见到的一点东西为根本，就跟前一类的图有了不同之处；前一类的图只须见什么画什么，画得准确就算尽了能事；这一类的图要表现出咱们所见到的一点东西，就得以此为中心，对材料加一番选择取舍的工夫；这种工夫如果做得不到家，那么虽然确有见到，也还不成一幅好图。那老头儿一把胡子，工细的画来，不如粗粗的几笔来得好；那三棵老柏树交结着的丫枝，照样的画来，不如删去了来得好；这样的考虑就是所谓选择取舍的工夫。做这种工夫有个标准，标准就是咱们所见到的一点东西。跟这一点东西没有关系的，

完全不要；足以表出这一点东西的，不容放弃；有时为了要增加表出的效果，还得以意创造，而这种工夫的到家不到家，关系于所见的真切不真切；所见越真切，选择取舍越有把握；有时几乎可以到不须思索的境界。第三，跟前边说的一样，得练成熟习的手腕。所见在心，表出在手腕，手腕不熟习，根本就画不成图，更不用说好图。这个很明白，无须多说。

以上两类图，次序有先后，程度有浅深。如果画一件东西不会画得像，画得准确，怎么能在一幅画中表出咱们所见到的一点东西？必须能画前一类图，才可以画后一类图。这就是次序有先后。前一类图只凭外界的事物，认得清楚，手腕又熟，就成。后一类图也凭外界的事物，根本却是咱们内心之所见；凭这一点，它才成为艺术。这就是程度有浅深。这两类图咱们都要画，看动机如何而定。咱们要记载物象，就画前一类图；咱们要表出感兴，就画后一类图。

我的题目"以画为喻"，就是借图画的情形，来比喻文字。前一类图好比普通文字，后一类图好比文艺。普通文字跟文艺，咱们都要写，看动机如何而定。为应付实际需要，咱们得写普通文字；如果咱们有感兴，有真切的见到，就得写文艺。普通文字跟文艺次序有先后，程度有浅深。写不来普通文字的人决写不成文艺；文艺跟普通文字原来是同类的东西，不过多了咱们内心之所见。至于熟习的手腕，两方面同样重要；手腕不熟，普通文字跟文艺都写不好。手腕要怎样才算熟？要让手跟心相应，自由驱遣语言文字，想写个什么，笔下就写得出个什么，这才算是熟。我的话即此为止。

答 丐 翁

　　四月二十二日上午，去看丐翁，临走的时候，他凄苦的朝我说了如下的话："胜利，到底啥人胜利——无从说起！"这是我听见的他的最后的声音。二十三日下午再去，他已经在那里咽气，不能说话了。

　　听他这话的当时，我心里难过，似乎没有回答他什么，或者说了现状诚然一塌糊涂的话也说不定。现在事后回想，当时没有说几句话好好安慰他，实在不应该。明知他已经在弥留之际，事实上说这句话之后三十四小时半就去世了，不给他个回答，使他抱着一腔悲愤长此终古，我对他不起。

　　现在，我想补赎我的过失，假定他死而有知，我朝他说几句话。我说：

　　胜利，当然属于爱自由爱和平的人民。这不是一个空洞的概念，不是一句喊滥了的口号，是事势所必然。人民要生活，要好好的生活，要物质上精神上都够得上标准的生活，非胜利不可。胜利不到手，非争取不可。争取复争取，最后胜利属于人民。

　　把强大武力掌握在手里的，耀武扬威。把秘密武器当作活宝贝的，奇货可居。四肢百体还繁殖着法西斯细菌的，摆出侵略的架势，独裁的气派。乃至办接收的，发胜利财的，一个个高视阔步，自以为天之骄子。这些家伙好像是目前的胜利者。正因为有这些家伙在，

149

才使人民得不到胜利，才使你丏翁在将要离开这个世界的时候，消释不了你心头的悲愤。但是，他们不是真正的胜利者。如果把他们目前的作为叫作陷溺，那么他们的陷溺越深，他们的失败将越惨。他们脱离人民，实做人民的敌人，在爱自由爱和平的人民的围攻之下，终于惨败是事势之必然。这个"终于"究竟是何年何月，固然不能断言，可是，知道他们不是真正的胜利者也就够了，悲愤之情不妨稍稍减轻，着力之处应该特别加重。你去世了，当然不劳你着力，请你永远休息吧。着力，有我们没有死的在。

丏翁，我不是向你说教，我对于青年朋友也决不敢说教，何况对于你。我不过告诉你我的简单的想头而已，虽然简单，可的确是我的想头。

你对于佛法有兴趣，你相信西方净土的存在。信仰自由，罗斯福先生把他列为四大自由之一，不是说罗斯福先生说的就一定对，信仰的确不该受他力的干涉。因此，我尊重你这一点，而且，自以为了解你这一点。不过我有一句诗"教宗堪慕信难起"，要我起信，至少目前还办不到，无论对于佛法，基督教，或者其他的教。我这么想，净土与天堂之类说远很远，说近也近。到人民成了真正的胜利者的时候，这个世界就是净土，就是天堂了。如果这也算一种信仰，那么我是相信"此世净土"的。

我比你年轻，今年也五十三了。对于学问，向来没有门径，今后谅来也不会一朝发愤，起什么野心。做人，平平，写文字，平平，既然平平了这么些年，谅来也不会在往后的年月间，突然有长足的长进。至于居高位，发大财，我自己剖析自己，的确不存丝毫的想望。总而言之，在我自己，活着既无所为，如果死了也不足惜。可是在"临命终时"以前，我决不肯抱玩世不恭的态度，因为我还相信"此世净土"，觉得活着还有所为。

丐翁，你以为我的话太幼稚吧？我想，如果多数的人都存这种幼稚的见解，胜利的东家就将调换过来，"此世净土"也将很快的涌现了。

我回到上海来不满三个月，由于你的病，虽然会面许多回，没有与你畅快的谈一谈。现在我写这几句，当作与你同坐把杯，称心而言。可是你已经一棺附身，而且在十天之后就将火化成灰。想到这里，我收不住我的眼泪。

佩弦周年祭

　　佩弦，你为什么不迟死半年？如果你迟死半年，就可以亲眼看见北平的解放。那时候你的激动跟欢喜一定不比青年人差，你会和着他们的调子歌唱，你会效学他们的姿态扭秧歌。在解放军入城的那一天，你会半夜里睡不着觉，匆匆忙忙的起来，赶赶紧紧的穿好衣服，参加在欢迎队伍里，从西郊跑进城，在城里四周游行，一整天不嫌疲劳，只觉得新生的愉快没法尽情表现，像张奚若先生那样。你为什么不迟死半年？

　　佩弦，你为什么不迟死八个月？如果你迟死八个月，我就可以在北平跟你会面。按照你"每事问"的老脾气，你一定急于问我一路上看见的情形。我就要告诉你，在山东走了十多天，看见了真个站起来了的人民，看见了真个作"义战"的军队，看见了真个当"公仆"的官吏。这些人都是全新的，以往历史上绝对没有过。这由于全部人民解放事业就是个范围非常之广的教育课程，从实际出发，以新哲学为指导原理，土生土长，实事求是；大家在这个课程中自我教育，相互教育，才把品质改得那么好，提得那么高。你一定乐于听这些话，还要问这个，谈那个，一连几个钟头不厌不倦。你为什么不迟死八个月？

　　佩弦，你为什么不迟死十年二十年？如果你迟死十年二十年，不说别的，单说大学中文系方面，你一定可以有你的一份特殊贡献。

要批判的接受文学遗产，你的精密的分析跟还原的检察都是必要的基础。你在这上头做了多年的功夫，已经有好些成绩，再加上生活跟思想从现实方面受来的影响，一定会越来越精深。我国向来没有一部像样的文学史，从现在的观点说，文学史更要另起炉灶。你有充分的学力，加上不断长进的识力，有资格写一部全新的文学史。你为什么不迟死十年二十年？

佩弦，你末了儿一次参加座谈会的谈话使我永远不忘。你说你乐意改变自己，可是得慢慢儿来。我自以为能够料知你的心意。你大概是这么想的：大家嚷改变就跟着嚷，这是容易不过的事儿，但是跟实际没有多大关系。生活跟思想既然成了习惯，要去掉那些不良的成分，取得那些优良的成分，就得养成新习惯。新习惯的养成是一点一滴的，是实践的，不是说说想想的，不能不慢慢儿来。惟有慢慢儿来，所谓改变才能在身上生根，才能使自己真个受用。你其实早已在那里慢慢儿来，你的行诣跟著作都可以证明。痛心的是你说了这句慢慢儿来的话之后，再不容你慢慢儿来了！

佩弦，我到了你清华寓所的书房里。嫂夫人说所有陈设一点儿没有动。我登门不遇永不回来的主人，心里一阵酸，可是忍住了眼泪。后来北大十几位朋友邀我们小叙，我喝多了白干，不记得怎么谈起了你，就放声而哭，自己不能控制。为你，就哭了这么一次。我还没有去万安公墓，秋凉时候总得去看一看。

游了三个湖

　　这回到南方去，游了三个湖。在南京，游玄武湖，到了无锡，当然要望望太湖，到了杭州，不用说，四天的盘桓离不了西湖。我跟这三个湖都不是初相识，跟西湖尤其熟，可是这回只是浮光掠影地看看，写不成名副其实的游记，只能随便谈一点儿。

　　首先要说的，玄武湖和西湖都疏浚了。西湖的疏浚工程，做的五年的计划，今年四月初开头，听说要争取三年完成，每天挖泥船轧轧轧地响着，连在链条上的兜儿一兜兜地把长远沉在湖底里的黑泥挖起来。玄武湖要疏浚，为的是恢复湖面的面积，湖面原先让淤泥和湖草占去太多了。湖面宽了，游人划船才觉得舒畅，望出去心里也开朗。又可以增多渔产。湖水宽广，鱼自然长得多了。西湖要疏浚，主要为的是调节杭州城的气候。杭州城到夏天，热得相当厉害，西湖的水深了，多蓄一点儿热，岸上就可以少热一点儿。这些个都是顾到居民的利益。顾到居民的利益，在从前，哪儿有这回事？只有现在的政权，人民自己的政权，才当作头等重要的事儿，在不妨碍国家社会主义工业化的前提之下，非尽可能来办不可。听说，玄武湖平均挖深半公尺以上，西湖准备平均挖深一公尺。

　　其次要说的，三个湖上都建立了疗养院——工人疗养院或者机关干部疗养院。玄武湖的翠洲有一所工人疗养院，太湖、西湖边上到底有几所疗养院，我也说不清。我只访问了太湖边中犊山的工人疗养院。在从前，卖力气淌汗水的工人哪有疗养的份儿？害了病还不是咬紧牙关带病做活，直到真个挣扎不了，跟工作、生命一齐分手？至于休养，那更是做梦也想不到的事儿，休养等于放下手里的活闲着，放下手里的活闲着，不是连吃不饱肚子的一口饭也没有着落了吗？只有现在这时代，人民当了家，知道珍爱创造种种财富的伙伴，才要他们疗养，而且在风景挺好、气候挺适宜的所在给他们建立疗养院。以前人有句诗道，"天下名山僧占多"。咱们可以套用这一句的意思说，目前虽然还没做到，往后一定会做到，凡是风景挺好、气候挺适宜的所在，疗养院全得占。僧占名山该不该，固然是个问题，疗养院占好所在，那可绝对地该。

又其次要说的，在这三个湖边上走走，到处都显得整洁。花草栽得整齐，树木经过修剪，大道小道全扫得干干净净，在最容易忽略的犄角里或者屋背后也没有一点儿垃圾。这不只是三个湖边这样，可以说哪儿都一样。北京的中山公园、北海公园不是这样吗？撇开园林、风景区不说，咱们所到的地方虽然不一定栽花草，种树木，不是也都干干净净，叫你剥个橘子吃也不好意思把橘皮随便往地上扔吗？就一方面看，整洁是普遍现象，不足为奇。就另一方面看，可就大大值得注意。做到那样整洁决不是少数几个人的事儿。固然，管事的人如栽花的，修树的，扫地的，他们的勤劳不能缺少，整洁是他们的功绩。可是，保持他们的功绩，不让他们的功绩一会儿改了样，那就大家有份，凡是在那里、到那里的人都有份。你栽得整齐，我随便乱踩，不就改了样吗？你扫得干净，我嗑瓜子乱吐瓜子皮，不就改了样吗？必须大家不那么乱来，才能保持经常的整洁。解放以来属于移风易俗的事项很不少，我想，这该是其中的一项。回想过去时代，凡是游览地方、公共场所，往往一片凌乱，一团肮脏，那种情形永远过去了，咱们从"爱护公共财物"的公德出发，

已经养成了到哪儿都保持整洁的习惯。

现在谈谈这回游览的印象。

出玄武门，走了一段堤岸，在岸左边上小划子。那是上午九点光景，一带城墙受着晴光，在湖面和蓝天之间划一道界限。我忽然想起四十多年前头一次游西湖，那时候杭州靠西湖的城墙还没拆，在西湖里朝东看，正像在玄武湖里朝西看一样，一带城墙分开湖和天。当初筑城墙当然为的防御，可是就靠城的湖来说，城墙好比园林里的回廊，起掩蔽的作用。回廊那一边的种种好景致，亭台楼馆，花坞假山，游人全看过了，从回廊的月洞门走出来，瞧见前面别有一番境界，禁不住喊一声"妙"，游兴益发旺盛起来。再就回廊这一边说，把这一边、那一边的景致合在一块儿看也许太繁复了，有一道回廊隔着，让一部分景致留在想象之中，才见得繁简适当，可以从容应接。这是园林里修回廊的妙用。湖边的城墙几乎跟回廊完全相仿。所以西湖边的城墙要是不拆，游人无论从湖上看东岸或是从城里出来看湖上，就会感觉另外一种味道，跟现在感觉的大不相同。我也不是说西湖边的城墙拆坏了。湖滨一并排是第一公园至第六公园，公园东面隔着马路，一带相当齐整的市房，这看起来虽然繁复些儿，可是照构图的道理说，还成个整体，不致流于琐碎，因而并不伤美。再说，成个整体也就起回廊的作用。然而玄武湖边的城墙，要是有人主张把它拆了，我就不赞成。不知道为什么，我总觉得那城墙的线条，那城墙的色泽，跟玄武湖的湖光、紫金山复舟山的山色配合在一起，非常调和，看来挺舒服，换个样儿就不够味儿了。

这回望太湖，在无锡鼋头渚，又在鼋头渚附近的湖面上打了个转，坐的小汽轮。鼋头渚在太湖的北边，是突出湖面的一些岩石，布置着曲径蹬道，回廊荷池，丛林花圃，亭榭楼馆，还有两座小小的僧院。整个鼋头渚就是个园林，可是比一般园林自然得多，何况又有浩渺无际的太湖做它的前景。在沿湖的石上坐下，听湖波拍岸，挺单调，可是有韵律，仿佛觉得这就是所谓静趣。南望马迹山，只像山水画上用不太淡的墨水涂上的一抹。我小时候，苏州城里卖芋头的往往喊"马迹山芋艿"。抗日战争时期，马迹山是游击队的根据地。向来说太湖七十二峰，据说实际不止此数。多数山峰比马迹山更淡，像是画家蘸着淡墨水在纸面上带这么一笔而已。至于我从前到过的满山果园的东山，石势雄奇的西山，都在湖的南半部，全不见一丝影儿。太湖上渔民很多，可是湖面太宽阔了，渔船并不多见，只见鼋头渚的左前方停着五六只。风轻轻地吹动桅杆上的绳索，此外别无动静。大概这不是适宜打鱼的时候。太阳渐渐升高，照得湖面一片银亮。碧蓝的天空中飘着几朵若有若无的薄云。要是天气不好，风急浪涌，就会是一幅完全不同的景色。从前人描写洞庭湖、鄱阳湖，往往就不同的气候、时令着笔，反映出外界现象跟主观情绪的关系。画家也一样，风雨晦明，云霞出没，都要研究那光和影的变化，凭画笔描绘下来，从这里头就表达出自己的情感。在太湖边作较长时期的流连，即使不写什么文章，不画什么画，精神上一定会得到若干无形的补益。可惜我来也匆匆，去也匆匆，只能有两三个钟头的勾留。

刚看过太湖，再来看西湖，就有这么个感觉，西湖不免小了些儿，什么东西都挨得近了些儿。从这一边看那一边，岸滩，房屋，林木，全都清清楚楚，没有太湖那种开阔浩渺的感觉。除了湖东岸没有山，三面的山全像是直站到湖边，又没有衬托在背后的远山。于是来了个总的印象：西湖仿佛是盆景，换句话说，有点儿小摆设的味道。这不是给西湖下贬辞，只是直说这回的感觉罢了。而且盆景也不坏，只要布局得宜。再说，从稍微远一点儿的地点看全局，才觉得像个盆景，要是身在湖上或是湖边的某一个所在，咱们就成

了盆景里的小泥人儿，也就没有像个盆景的感觉了。

　　湖上那些旧游之地都去看看，像学生温习旧课似的。最感觉舒坦的是苏堤。堤岸正在加宽，拿挖起来的泥壅一点儿在那儿，巩固沿岸的树根。树栽成四行，每边两行，是柳树、槐树、法国梧桐之类，中间一条宽阔的马路。妙在四行树接叶交柯，把苏堤笼成一条绿荫掩盖的巷子，掩盖而绝不叫人觉得气闷，外湖和里湖从错落有致的枝叶间望去，似乎时时在变换样儿。在这条绿荫的巷子里骑自行车该是一种愉快。散步当然也挺合适，不论是独个儿、少数几个人还是成群结队。以前好多回经过苏堤，似乎都不如这一回，这一回所以觉得好，就在乎树补齐了而且长大了。

　　灵隐也去了。四十多年前头一回到灵隐就觉得那里可爱，以后每到一回杭州总得去灵隐，一直保持着对那里的好感。一进山门就望见对面的飞来峰，走到峰下向右拐弯，通过春淙亭，佳境就在眼前展开。左边是飞来峰的侧面，不说那些就山石雕成的佛像，就连那山石的凹凸、俯仰、向背，也似乎全是名手雕出来的。石缝里长出些高高矮矮的树木，苍翠，茂密，姿态不一，又给山石添上点缀。沿峰脚是一道泉流，从西往东，水大时候急急忙忙，水小时候从从容容，泉声就有宏细疾徐的分别。道跟泉流平行。道左边先是壑雷亭，后是冷泉亭，在亭子里坐，抬头可以看飞来峰，低头可以看冷泉。道右边是灵隐寺的围墙，淡黄颜色。道上多的是大树，又大又高，说"参天"当然嫌夸张，可真做到了"荫天蔽日"。暑天到那里，不用说，顿觉清凉，就是旁的时候去，也会感觉"身在画图中"，自己跟周围的环境融和一气，挺心旷神怡的。灵隐的可爱，我以为就在这个地方。道上走走，亭子里坐坐，看看山石，听听泉声，够了，享受了灵隐。寺里头去不去，那倒无关紧要。

　　这回在灵隐道上大树下走，又想起常常想起的那个意思。我想，无论什么地方，尤其在风景区，高大的树是宝贝。除了地理学、卫生学方面的好处而外，高大的树又是观赏的对象，引起人们的喜悦不比一丛牡丹、一池荷花差，有时还要胜过几分。树冠和枝干的姿态，这些姿态所表现的性格，往往很耐人寻味。辨出意味来的时候，咱们或者说它"如画"，或者说它"入画"，这等于说它差不多是美术家的创作。高大的树不一定都"如画""入画"，可是可以修剪，从审美观点来斟酌。一般大树不比那些灌木和果树，经过人工修剪的不多，风吹断了枝，虫蛀坏了干，倒是常有的事，那是自然的修剪，未必合乎审美观点。我的意思，风景区的大树得请美术家鉴定，哪些不用修剪，哪些应该修剪。凡是应该修剪的，动手的时候要遵从美术家的指点，惟有美术家才能就树的本身看，就树跟环境的照应配合看，决定怎么样叫它"如画""入画"。我把这个意思写在这里，希望风景区的管理机关考虑，也希望美术家注意。我总觉得美术家为满足人民文化生活的要求，不但要在画幅上用功，还得扩大范围，对生活环境的布置安排也费一份心思，加入一份劳力，让环境跟画幅上的创作同样地美——这里说的修剪大树就是其中一个项目。

1954 年 12 月 18 日作

记金华的两个岩洞

今年四月十四日，我在浙江金华，游北山的两个岩洞，双龙洞和冰壶洞。洞有三个，最高的一个叫朝真洞，洞中泉流跟冰壶、双龙上下相贯通，我因为足力不济，没有到。

出金华城大约五公里到罗甸。那里的农业社兼种花，种的是茉莉、白兰、珠兰之类，跟我们苏州虎丘一带相类，但是种花的规模不及虎丘大。又种佛手，那是虎丘所没有的。据说佛手要那里的土培植。要双龙泉水灌溉，才长得好，如果移到别处，结成的佛手就像拳头那么一个，没有长长的指头，不成其为"手"了。

过了罗甸就渐渐入山。公路盘曲而上，工人正在填石培土，为巩固路面加工。山上几乎开满映山红，比较盆栽的杜鹃，无论花朵和叶子，都显得特别有精神。油桐也正开花，这儿一丛，那儿一簇，很不少。我起初以为是梨花，后来认叶子，才知道不是。丛山之中有几脉，山上砂土作粉红色，在他处似乎没有见过。粉红色的山，各色的映山红，再加上或深或淡的新绿，眼前一片明艳。

一路迎着溪流。随着山势，溪流时而宽，时而窄，时而缓，时而急，溪声也时时变换调子。入山大约五公里就到双龙洞口，那溪流就是从洞里出来的。

在洞口抬头望，山相当高，突兀森郁，很有气势。洞口像桥洞似的作穹形，很宽。走进去，仿佛到了个大会堂，周围是石壁，头上是高高的石顶，在那里聚集一千或是八百人开个会，一定不觉得拥挤。泉水靠着洞口的右边往外流。这是外洞，因为那边还有个洞口，洞中光线明亮。

在外洞找泉水的来路，原来从靠左边的石壁下方的孔隙流出。虽说是孔隙，可也容得下一只小船进出。怎样小的小船呢？两个人并排仰卧，刚合适，再没法容第三个人，是这样小的小船。船两头都系着绳子，管理处的工友先进内洞，在里边拉绳子，船就进去，在外洞的工友拉另一头的绳子，船就出来。我怀着好奇的心情独个儿仰卧在小船里，遵照人家的嘱咐，自以为从后脑到肩背，到臀部，到脚跟，没一处不贴着船底了，才说一声"行了"，船就慢慢移动。眼前昏暗了，可是还能感觉左右和上方的山石似乎都在朝我挤压过来。我又感觉要是把头稍微抬起一点儿，准会撞破了额角，擦伤了鼻子。大约行了二三丈的水程吧（实在也说不准确），就登陆了，那就到了内洞。要不是工友提着汽油灯，内洞真是一团漆黑，什么都看不见。即使有了汽油灯，还只能照见小小的一搭地方，余外全是昏暗，不知道有多么宽广。工友以导游者的身份，高高举起汽油灯，逐一指点内洞的景物。首先当然是蜿蜒在洞顶的双龙，一条黄龙，一条青龙。我顺着他的指点看，有点儿像。其次是些石钟乳和石笋，这是什么，那是什么，大都依据形状想象成仙家、动物以及宫室、器用，名目有四十多。这是各处岩洞的通例，凡是岩洞都有相类的名目。我不感兴趣，虽然听了，一个也没有记住。

有岩洞的山大多是石灰岩。石灰岩经地下水长时期的侵蚀，形成岩洞。地下水含有碳酸，石灰岩是碳酸钙，碳酸钙遇着水里的碳酸，就成酸性碳酸钙。酸性碳酸钙是溶解于水的，这是岩洞形成和逐渐扩大的缘故。水渐渐干的时候，其中碳酸分解成水和二氧化碳气跑走，剩下的又是固体的碳酸钙。从洞顶下垂，凝成固体的，就是石钟乳，点滴积累，凝结在洞底的，就是石笋，道理是一样的。惟其如此，凝

成的形状变化多端，再加上颜色各异，即使不比作什么什么，也就值得观赏。

在洞里走了一转，觉得内洞比外洞大得多，大概有十来进房子那么大。泉水靠着右边缓缓地流，声音轻轻的。上源在深黑的石洞里。

查《徐霞客游记》，霞客在崇祯九年（1636）十月初十日游三洞。郁达夫也到过，查他的游记，是一九三三年十一月十二日。达夫游记说内洞石壁上"唐宋人的题名石刻很多，我所见到的，以庆历四年的刻石为最古。……清人题壁，则自乾隆以后绝对没有了，盖因这里洞，自那时候起，为泥沙淤塞了的缘故"。达夫去的时候，北山才经整理，旧洞新辟。到现在又是二十多年了，最近北山再经整理，公路修起来了，休憩茶饭的所在布置起来了，外洞内洞收拾得干干净净。我去的那一天是星期日，游人很不少，工人、农民、干部、学生都有，外洞内洞闹哄哄的，要上小船得排队等候好一会儿。这种景象，莫说徐霞客，假如达夫还在人世，也一定会说二十年前决想不到。

我排队等候，又仰卧在小船里，出了洞。在外洞前边休息了一会儿，就往冰壶洞。根据刚才的经验，知道洞里潮湿，穿布鞋非但容易湿透，而且把不稳脚。我就买一双草鞋，套在布鞋上。

从双龙洞到冰壶洞有石级。平时没有锻炼，爬了三五十级就气呼呼的，两条腿一步重一步了，两旁的树木山石也无心看了。爬爬歇歇直到冰壶洞口，也没有数一共多少级，大概有三四百级吧。洞口不过小县城的城门那么大，进了洞就得往下走。沿着石壁凿成石级，一边架设木栏杆以防跌下去，跌下去可真不是玩儿的。工友提着汽油灯在前边引导，我留心脚下，踩稳一脚再挪动一脚，觉得往下走也不比向上爬轻松。

忽然听见水声了，再往下没有多少步，声音就非常大，好像整个洞里充满了轰轰的声音，真有逼人的气势。就看见一挂瀑布从石隙吐出来，吐出来的地方石势突出，所以瀑布全部悬空，上狭下宽，高大约十丈。身在一个不知道多么大的岩洞里，凭汽油灯的光平视这飞珠溅玉的形象，耳朵里只听见它的轰轰，脸上手上一阵阵地沾着飞来的细水滴，这是平生从未经历的境界，当时的感受实在难以描述。

再往下走几十级，瀑布就在我们上头，要抬头看了。这时候看见一幅奇景，好像天蒙蒙亮的辰光正下急雨，千万枝银箭直射而下，天边还留着几点残星。这个比拟是工友说给我听的，听了他说的，抬头看瀑布，越看越有意味。这个比拟比较把石钟乳比做狮子和象之类，意境高得多了。

在那个位置上仰望，瀑布正承着洞口射进来的光，所以不须照灯，通体雪亮。所谓残星，其实是白色石钟乳的反光。

这个瀑布不像一般瀑布，底下没有潭，落到洞底就成伏流，是双龙洞泉水的上源。

现在把徐霞客记冰壶洞的文句抄在这里，以供参证。"洞门仰如张吻。先投杖垂炬而下，滚滚不见其底。乃攀隙倚空入。忽闻水声轰轰，秉炬从之。则洞之中央，一瀑从空下坠，冰花玉屑，从黑暗处耀成洁彩。水坠石中，莫稔所去。乃依炬四穷，其深陷逾朝真，而屈曲少逊。"

1957 年 10 月 25 日作

苏州园林

　　一九五六年，同济大学出版陈从周教授编撰的《苏州园林》，园林的照片多到一百九十五张，全都是艺术的精品：这可以说是建筑界和摄影界的一个创举。我函购了这本图册，工作余闲翻开来看看，老觉得新鲜有味，看一回是一回愉快的享受。过了十八年，我开始与陈从周教授相识，才知道他还擅长绘画。他赠我好多幅松竹兰菊，全是佳作，笔墨之间透出神韵。我曾经填一阕《洞仙歌》谢他，上半专就他的《苏州园林》着笔，现在抄在这儿："园林佳辑，已多年珍玩。拙政诸图寄深眷。想童时常与窗侣嬉游，踪迹遍山径楼廊汀岸。"这是说《苏州园林》使我回想到我的童年。

　　苏州园林据说有一百多处，我到过的不过十多处。其他地方的园林我也到过一些。倘若要我说说总的印象，我觉得苏州园林是我国各地园林的标本，各地园林或多或少都受到苏州园林的影响。因此，谁如果要鉴赏我国的园林，苏州园林就不该错过。

　　设计者和匠师们因地制宜，自出心裁，修建成功的园林当然各个不同。可是苏州各个园林在不同之中有个共同点，似乎设计者和匠师们一致追求的是：务必使游览者无论站在哪个点上，眼前总是一幅完美的图画。为了达到这个目的，他们讲究亭台轩榭的布局，讲究假山池沼的配合，讲究花草树木的映衬，讲究近景远景的层次。总之，一切都要为构成完美的图画而存在，决不容许有欠美伤美的败笔。他们惟愿游览者得到"如在图画中"的实感,而他们的成绩实现了他们的愿望,游览者来到园里,没有一个不心里想着口头说着"如在图画中"的。

我国的建筑,从古代的宫殿到近代的一般住房,绝大部分是对称的,左边怎么样,右边也是怎么样。苏州园林可绝不讲究对称,好像故意避免似的。东边有了一个亭子或者一条回廊,西边决不会来一个同样的亭子或者一道同样的回廊。这是为什么?我想,用图画来比方,对称的建筑是图案画,不是美术画,而园林是美术画,美术画要求自然之趣,是不讲究对称的。

苏州园林里都有假山和池沼。假山的堆叠可以说是一项艺术而不仅是技术。或者是重峦叠嶂,或者是几座小山配合着竹子花木,全在乎设计者和匠师们生平多阅历,胸中有丘壑,才能使游览者远望的时候仿佛观赏宋元工笔云山或者倪云林的小品,攀登的时候忘却苏州城市,只觉得在山间。至于池沼,大多引用活水。有些园林池沼宽敞,就把池沼作为全园的中心,其他景物配合着布置。水面假如成河道模样,往往安排桥梁。假如安排两座以上的桥梁,那就一座一个样,决不雷同。池沼或河道的边沿很少砌齐整的石岸,总是高低屈曲任其自然。还在那儿布置几块玲珑的石头,或者种些花草:这也是为了取得从各个角度看都成一幅画的效果。池沼里养着金鱼或各色鲤鱼,夏秋季节荷花或睡莲开放。游览者看"鱼戏莲叶间",又是入画的一景。

苏州园林栽种和修剪树木也着眼在画意。高树与低树俯仰生姿。落叶树与常绿树相间,花时不同的多种花树相间,这就一年四季不感到寂寞。没有修剪得像宝塔那样的松柏,没有阅兵式似的道旁树:因为依据中国画的审美观点看,这是不足取的。有几个园里有古老的藤萝,盘曲嶙峋的枝干就是一幅好画。开花的时候满眼的珠光宝气,使游览者只感到无限的繁华和欢悦,可是没法细说。

游览苏州园林必然会注意到花墙和廊子。有墙壁隔着,有廊子

界着，层次多了，景致就见得深了。可是墙壁上有砖砌的各式镂空图案，廊子大多是两边无所依傍的，实际是隔而不隔，界而未界，因而更增加了景致的深度。有几个园林还在适当的位置装上一面大镜子，层次就更多了，几乎可以说把整个园林翻了一番。

游览者必然也不会忽略另外一点，就是苏州园林在每一个角落都注意图画美。阶砌旁边栽几丛书带草。墙上蔓延着爬山虎或者蔷薇木香。如果开窗正对着白色墙壁，太单调了，给补上几竿竹子或几棵芭蕉。诸如此类，无非要游览者即使就极小范围的局部看，也能得到美的享受。

苏州园林里的门和窗，图案设计和雕镂琢磨功夫都是工艺美术的上品。大致说来，那些门和窗尽量工细而决不庸俗，即使简朴而别具匠心，四扇，八扇，十二扇，综合起来看，谁都要赞叹这是高度的图案美。摄影家挺喜欢这些门和窗，他们斟酌着光和影，摄成称心满意的照片。

苏州园林与北京的园林不同，极少使用彩绘。梁和柱子以及门窗阑干大多漆广漆，那是不刺眼的颜色。墙壁白色。有些室内墙壁下半截铺水磨方砖，淡灰色和白色对衬。屋瓦和檐漏一律淡灰色。这些颜色与草木的绿色配合，引起人们安静闲适的感觉。而到各种花开的时节，却更显得各种花明艳照眼。

可以说的当然不止以上写的这些，病后心思体力还差，因而不再多写。我还没有看见风光画报出版社的这册《苏州园林》，既承嘱我作序，我就简略地说说我所想到感到的。我想这一册的出版是陈从周教授《苏州园林》的后续，里边必然也有好些照片可以与我的话互相印证的。

1979 年 2 月 6 日作

我和儿童文学

先说我是怎么写起童话来的。

我的第一本童话集《稻草人》的第一篇是《小白船》，写于一九二一年十一月十五日，我写童话就是从这一天开始的。接着在十六日、十七日写了《傻子》和《燕子》；隔了两天，在二十日又写了《一粒种子》。不到一个星期写了四篇童话，我自己也不敢相信了。这种情形不止一次。那一年十二月二十五日到三十日，也是六天，写了《地球》《芳儿的梦》《新的表》《梧桐子》《大喉咙》，一共五篇。一九二一年冬季，正是我和朱佩弦（自清）先生在杭州浙江第一师范日夕相处的日子，两个人在一间卧室里休息，在一间休憩室里备课，闲谈，改本子，写东西。可能因为兴致高，下笔就快些。朱先生有一篇散文记下了那些值得怀念的日子，中间提到我写童话的情形，说我构思和下笔都很敏捷。我自己可完全记不起来了，好像从来不曾这样敏捷过。

我写童话，当然是受了西方的影响。五四前后，格林、安徒生、王尔德的童话陆续介绍过来了。我是个小学教员，对这种适宜给儿童阅读的文学形式当然会注意，于是有了自己来试一试的想头。还有个促使我试一试的人，就是郑振铎先生，他主编《儿童世界》，要我供给稿子。《儿童世界》每个星期出一期，他拉稿拉得勤，我也就写得勤了。

这股写童话的劲头只持续了半年多，到第二年六月写完了那篇《稻草人》为止。为什么停下来了，现在说不出，恐怕当时也未必说得出。会不会因为郑先生不编《儿童世界》了？有这个可能，要查史料才能肯定。从《小白船》到《稻草人》，一共二十三篇童话编成一本集子，就用《稻草人》作书名，在一九二三年十一月出版，列入《文学研究会丛书》，因为我是文学研究会的会员。

《稻草人》这本集子中的二十三篇童话，前后不大一致，当时自己并不觉得，只在有点儿什么感触，认为可以写成童话的时候，就把它写了出来。我只管这样一篇接一篇地写，有的朋友却来提醒我了，说我一连有好些篇，写的都是实际的社会生活，越来越不像童话了，那么凄凄惨惨的，离开美丽的童话境界太远了。经朋友一说，我自己也觉察到了。但是有什么办法呢？生活在那个时代，我感受到的就是这些嘛。所以编成集子的时候，我还是把《稻草人》这个篇名作为集子的名称。

在以后这三年里，我只写了六篇童话，我记不得了，是一位年轻朋友查到了告诉我的。一九二五年的五卅运动把我的注意力引到了别的方面，直到大革命失败以后，我才写了一篇《冥世别》。当时，无数革命青年被屠杀了，有些名流竟然为屠夫辩护，说这些青年幼稚莽撞，受人利用，做了别人的工具，因而罪有应得。我想让这些受屈的青年出来申辩几句。可是他们已经死了，怎么办呢？于是想到用童话的形式，让他们在阴间向阎王表白。这篇童话不是写给孩子们看的，所以后来没有编进童话集。我在这里提一下，是想说明有些童话可能不属于儿童文学。给文学形式分类下定义本来是研究者的事，写的人可以不必管它。

一九二九年秋天，我写了《古代英雄的石像》。这篇童话引起好些误解，许多人来信问我，这个石像是不是影射某某某。我并无这个意思，只是说就石头来说，铺在路上让大家走，比作一个偶像，代表一个实际上并不存在的英雄有意义得多。后来续安徒生的童话，作《皇帝的新衣》，我也并不是用这个皇帝影射某某某。一九三一年六月，我的第二本童话集《古代英雄的石像》出版，一共收了这两年间写的九篇童话。写得少的缘故，大约是做了许多年编辑工作，养成了不敢随便下笔的习惯。

直到一九五六年，中国少年儿童出版社要我选自己的童话若干篇，编成一本集子。他们说，这些童话虽然是解放前写的，让现在的孩子们看看，知道一些旧社会的情形，也有好处。我同意了，选了十篇，编成了《叶圣陶童话选》。这十篇中，《一粒种子》《画眉》《稻草人》是一九二一年到一九二二年写的，可以代表一个阶段；《聪明的野牛》是一九二四年写的，不曾收进童话集；《古代英雄的石像》《皇帝的新衣》《含羞草》《蚕和蚂蚁》是一九三一年到一九三三年写的，可以代表另一个阶段；最后两篇是一九三六年年初写的《鸟言兽语》和《火车头的经历》（在这两篇之后，就没有写过童话了）。我把这十篇童话的文字重新整理了一遍，因为这是给孩子们阅读的，不敢怠慢，总想做到通畅明白，念起来顺口，听起来入耳。

打倒"四人帮"之后，中国少年儿童出版社打算重排《叶圣陶童话选》，要我增选几篇。我答应了，从第一本集子《稻草人》中选出《玫瑰和金鱼》《快乐的人》《跛乞丐》三篇，从第二本集子《古代英雄的石像》中选出《书的夜话》和《熊夫人幼稚园》两篇，都经过重新整理，加了进去。为了区别于以前的版本，把书名改成《〈稻草人〉和其他童话》，在去年八月出版。

这几本童话集的插图，我都很喜欢。《稻草人》是许敦谷先生的钢笔画，《古代英雄的石像》是丰子恺先生的毛笔画，《叶圣陶童话选》是黄永玉先生的木刻。丰子恺先生和黄永玉先生是国内国外都

知名的画家，许敦谷先生比他们早，现在知道他的人不多了。在二十年代，许先生为儿童读物画过不少插图，似乎到了三十年代，就看不到他的新作了。好的插图不拘泥于文字内容，而能对文字内容起画龙点睛的作用，许先生画的就有这个长处，因而比较耐看。他的线条活泼准确，好像每一笔下去早就心中有数似的，足见他素描的基本功是很深的。丰先生和黄先生的插图，功力也很到家。对儿童文学来说，插图极其重要，是值得研究的一个方面。

除了童话，我写过两本童话歌剧，一本叫《蜜蜂》，一本叫《风浪》，都请人配了谱，在二十年代出版过。可是内容是什么，我完全记不起了，想找来看看，托了好几个人，至今还没有找到。此外还写过一些儿童诗歌，大多刊登在早期的《儿童世界》，有的也配了谱。

在儿童文学方面，我还做过一件比较大的工作。在一九三二年，我花了整整一年时间，编写了一部《开明小学国语课本》，初小八册，高小四册，一共十二册，四百来篇课文。这四百来篇课文，形式和内容都很庞杂，大约有一半可以说是创作，另外一半是有所依据的再创作，总之没有一篇是现成的，是抄来的。给孩子们编写语文课本，当然要着眼于培养他们的阅读能力和写作能力，因而教材必须符合语文训练的规律和程序。但是这还不够。小学生既是儿童，他们的语文课本必得是儿童文学，才能引起他们的兴趣，使他们乐于阅读，从而发展他们多方面的智慧。当时我编写这一部国语课本，就是这样想的。在这里提出来，希望能引起有关同志的注意。

解放以后，我只给儿童写过几首短诗，几篇散文，刊登在哪儿，也记不清了。总是忙。林彪、"四人帮"横行的那些年倒是闲了，可是哪有心情写什么东西呢？现在精力不济了，而且又忙了起来，许多事情还必须赶紧去做。儿童文学的园地不久也会万紫千红的，我正在拭目以待，做个鼓掌喝彩的人。

对鲁迅先生的怀念

　　遇到某一件事，记得以前也曾发生过，记得鲁迅先生对此说过话，就怀念起鲁迅先生来。这样的情形，在我是常有的。

　　举个例子。近几年来，中学生的语文程度差，使许多人感到忧虑。有人说，中学生的语文程度之所以差，是由于不读或者少读古文。他们还把鲁迅先生拉来作证，说鲁迅先生的文章写得那么好，不是由于他古文底子厚吗？被他们拉来作证的人还不少，其中也有我。我读过古文，教过古文，都不能抵赖，若说写文字，那么我为了摆脱古文的影响花过多少力气，可真没法细说。这种"要做好白话须读好古文"的论点，其实早已有过，并不是什么新创造。我想起鲁迅先生曾经批驳过这种论点，就请人帮我翻检出来，原来在《写在〈坟〉后面》里。鲁迅先生是这样说的：

　　　　新近看见一种上海出版的期刊，也说起要做好白话须读好古文，而举例为证的人名中，其一却是我。这实在使我打了一个寒噤。别人我不论，若是自己，则曾经看过许多旧书，是的确的，为了教书，至今也还在看。因此耳濡目染，影响到所做的白话上，常不免流露出它的字句、体格来。但自己却正苦于背了这些古老的鬼魂，摆脱不开，时常感到一种使人气闷的沉重。

　　这里所说的"字句"和"体格"是指文字形式，"古老的鬼魂"是指思想内容。主张中学生读古文的人当然都会说：读古文是让学生效学古人的章法和词藻，并不要学生承受古人的思想。可是形式和内容怎么能截然分开呢？如果在效学形式的同时，把内容也一股脑儿承受下来了——让那些"古老的鬼魂"压在肩膀上还不觉得气闷的沉重，想不到有挺一挺脊梁摆脱它的必要，这不是更糟糕吗？

　　就是形式，鲁迅先生也不主张向古文学习。在同一篇文章里，他说："以文字论，就不必更在旧书里讨生活，却将活人的唇舌作为源泉，使文章更加接近语言，更加有生气。"他认为自己的文章还须要改革。他说："我以为我倘十分努力，大概也还能够博采口语，来改革我的文章。但因为懒而且忙，至今没有做。我常疑心这和读了古书很有些关系，因为我觉得古人写在书上的可恶思想，我的心里也常有，能否忽而奋勉，是毫无把握的。我常常诅咒我的这思想，也希望不再见于后来的青年。"鲁迅先生又这样不留情面地解剖自己，因为看到了自己的弱点而殷切地寄希望于青年。这种诚恳的态度实在使人感动。

　　鲁迅先生这篇文章写在五十四年前。在同时代的人中间，鲁迅先生的确比别人敏感。有许多事，别人才有一点儿朦胧的感觉，他已经想到了，并且想得比别人深。因而在遇到某一件事的时候——譬如在听见有人主张用读古文的办法来提高中学生的语文水平的时候，我又不免想起，要是鲁迅先生现在还活着，不知道他将说些什么。

1980 年 11 月 27 日作

文艺作品的鉴赏①

一、要认真阅读

文艺鉴赏不是一桩特别了不起的事，不是只属于读书人或者文学家的事。

我们苏州地方流行着一首儿歌：

> 咿呀咿呀踏水车。水车沟里一条蛇，游来游去捉虾蟆。虾蟆躲（原音"伴"，意义和"躲"相当，可是写不出这个字来）在青草里，青草开花结牡丹。牡丹娘子要嫁人，石榴姊姊做媒人。桃花园里铺"行家"（嫁妆），梅花园里结成亲。……

儿童唱着这个歌，仿佛看见春天田野的景物，一切都活泼而有生趣：水车转动了，蛇游来游去了，青草开花了，牡丹做新娘子了。因而自己也觉得活泼而有生趣，蹦蹦跳跳，宛如郊野中一匹快乐的小绵羊。这就是文艺鉴赏的初步阶段。

另外有一首民歌，流行的区域大概很广，在一百年前已经有人

---

① 此文有删节。

记录在笔记中间了，产生的时间当然更早。

月儿弯弯照九州。几家欢乐几家愁？

几家夫妇同罗帐？几个飘零在外头？

唱着这个歌，即使并无离别之感的人，也会感到在同样的月光之下，人心的欢乐和哀愁全不一致。如果是独居家中的妇人，孤栖在外的男子，感动当然更深。回想同居的欢乐，更见离别的难堪，虽然头顶上不一定有弯弯的月儿，总不免簌簌地掉下泪来。这些人的感动也可以说是从文艺鉴赏而来的。

可见文艺鉴赏是谁都有份的。

但是要知道，文艺鉴赏不只是这么一回事。

文艺中间讲到一些事物，我们因这些事物而感动，感动以外，不再有别的什么。这样，我们不过处于被动的地位而已。

我们应该处于主动的地位，对文艺要研究、考察。它为什么能够感动我们呢？同样讲到这些事物，如果说法变更一下，是不是也能够感动我们呢？这等问题就涉及艺术的范围了。而文艺鉴赏正应该涉及艺术的范围。

在电影院中，往往有人为着电影中生离死别的场面而流泪。但是另外一些人觉得这些场面只是全部情节中的片段，并没有什么了不起，反而对于某景物的一个特写、某角色的一个动作点头赞赏不已。这两种人中，显然是后一种人的鉴赏程度比较高。前一种人只被动地着眼于故事，看到生离死别，设身处地一想，就禁不住掉下泪来。后一种人却着眼于艺术，他们看出了一个特写、一个动作对于全部电影所加增的效果。

还就看电影来说。有一些人希望电影把故事交代得清清楚楚，例如剧中某角色去访朋友，必须看见他从家中出来的一景，再看见他在路上步行或者乘车的一景，再看见他走进朋友家中去的一景，然后满意。如果看见前一景那个角色在自己家里，后一景却和朋友面对面谈话了，他们就要问："他门也没出，怎么一会儿就在朋友家中了？"像这样不预备动一动天君的人，当然谈不到什么鉴赏。

散场的时候，往往有一些人说那个影片好极了，或者说，紧张极了，巧妙极了，可爱极了，有趣极了！总之是一些形容词语。另外一些人却说那个影片不好，或者说，一点不紧凑，一点不巧妙，没有什么可爱，没有什么趣味——总之也还是一些形容词语。像这样只能够说一些形容词语的人，他们的鉴赏程度也有限得很。

文艺鉴赏并不是摊开了两只手，专等文艺给我们一些什么。也不是单凭一时的印象，给文艺加上一些形容词语。

文艺中间讲到一些事物，我们就得问：作者为什么要讲到这些事物？文艺中间描写风景，表达情感，我们就得问：作者这样描写和表达是不是最为有效？我们不但说了个"好"就算，还要说得出好在哪里，不但说了个"不好"就算，还要说得出不好在哪里。这样，才够得上称为文艺鉴赏。这样，从好的文艺得到的感动自然更深切。文艺方面如果有什么不完美的地方，也会觉察出来，不至于一味照单全收。

鲁迅的《孔乙己》，现在小学高级和初级中学都选作国语教材，读过的人很多了。匆匆读过的人说："这样一个偷东西被打折了腿的瘪三，写他有什么意思呢？"但是，有耐心去鉴赏的人不这么看，有的说："孔乙己说回字有四样写法，如果作者让孔乙己把四样写法都写出来，那就索然无味了。"有的说："这一篇写的孔乙己，虽然颓唐、下流，却处处要面子，处处显示出他所受的教育给予他的影响，绝不同于一般的瘪三，这是这一篇的出色处。"有一个深深体会了世味的人说:"这一篇中,我以为最妙的文字是'孔乙己是这样的使人快活,可是没有他,别人也便这么过。'这个话传达出无可奈何的寂寞之感。这种寂寞之感不只属于这一篇中的酒店小伙计,也普遍属于一般人。'也便这么过',谁能跳出这寂寞的网罗呢?"

可见文艺鉴赏犹如采矿,你不动手,自然一无所得,只要你动手去采,随时会发现一些晶莹的宝石。

这些晶莹的宝石岂但给你一点赏美的兴趣,并将扩大你的眼光,充实你的经验,使你的思想、情感、意志往更深更高的方面发展。

好的文艺值得一回又一回地阅读,其缘由在此。否则明明已经知道那文艺中间讲的是什么事物了,为什么要再反复阅读?

另外有一类也称为文艺的东西,粗略地阅读似乎也颇有趣味。例如说一个人为了有个冤家想要报仇,往深山去寻访神仙。神仙访到了,拜求收为徒弟,从他修习剑术。结果剑术练成,只要念念有词,剑头就放出两道白光,能取人头于数十里之外。于是辞别师父,下山找那冤家,可巧那冤家住在同一间客店里。三更时分,人不知,鬼不觉,剑头的白光不必放到数十里那么长,仅仅通过了几道墙壁,就把那冤家的头取来,藏在作为行李的空皮箱里。深仇既报,这个人不由得仰天大笑。——我们知道现在有一些少年很欢喜阅读这一类东西。如果阅读时候动一动天君,就觉察这只是一串因袭的肤浅的幻想。除了荒诞的传说,世间哪里有什么神仙?除了本身闪烁着寒光,剑头哪里会放出两道白光?结下仇恨,专意取冤家的头,其人的性格何等暴戾?深山里住着神仙,客店里失去头颅,这样的人世何等荒唐?这中间没有真切的人生经验,没有高尚的思想、情感、意志作为骨子。说它是一派胡言,也不算过分。这样一想,就不再认为这一类东西是文艺,不再觉得这一类东西有什么趣味。读了一回,就大呼上当不止。谁高兴再去上第二回当呢?

可见阅读任何东西不可马虎，必须认真。认真阅读的结果，不但随时会发现晶莹的宝石，也随时会发现粗劣的瓦砾。于是吸取那些值得取的，排除那些无足取的，自己才会渐渐地成长起来。

采取走马看花的态度的，谈不到文艺鉴赏。纯处于被动的地位的，也谈不到文艺鉴赏。

要认真阅读。在阅读中要研究、考察，这样才可以走上文艺鉴赏的途径。

二、训练语感

前面说过，要鉴赏文艺，必须驱遣我们的想象。这意思就是：文艺作品往往不是倾筐倒箧地说的，说出来的只是一部分罢了，还有一部分所谓言外之意，弦外之音，至多只能够鉴赏一半；有时连一半也鉴赏不到。因为那没有说出来的一部分反而是极关重要的一部分。

这一回不说"言外"而说"言内"。这就是语言文字本身所有的意义和情味。鉴赏文艺的人如果对于语言文字的意义和情味不很了了，那就如入宝山空手回，结果将一无所得。

审慎的作家写作，往往斟酌又斟酌，修改又修改，一句一字都不肯随便。无非要找到一些语言文字，意义和情味同他的旨趣恰相贴合，使他的作品真能表达他的旨趣。我们固然不能说所有的文艺作品都能做到这样，可是我们可以说，凡是出色的文艺作品，语言文字必然是作者的旨趣的最贴合的符号。

作者的努力既是从旨趣到符号，读者的努力自然是从符号到旨趣。读者若不能透切地了解语言文字的意义和情味，那就只看见徒有迹象的死板板的符号，怎么能接近作者的旨趣呢？

　　所以，文字鉴赏还得从透切地了解语言文字入手。这件事看来似乎浅近，但是最基本的。基本没有弄好，任何高妙的话都谈不到。

　　陶渊明"好读书不求甚解"，从来传为美谈，因而很有效法他的。我还知道有一些少年看书，遇见不很了了的地方就一眼带过；他们自以为有一宗可靠的经验，只要多遇见几回，不很了了的自然就会了了。其实陶渊明的"好读书不求甚解"究竟是不是胡乱阅读的意思，原来就有问题。至于把不很了了的地方一眼带过，如果成了习惯，将永远不能够从阅读得到多大益处。囫囵吞东西，哪能辨出真滋味来？文艺作品跟寻常读物不同，是非辨出真滋味来不可的。读者必须把捉住语言文字的意义和情味，才有辨出真滋味来——也就是接近作者的旨趣的希望。

　　要了解语言文字，通常的办法是翻查字典辞典。这是不错的。但是在许多少年仿佛有这样一种见解：翻查字典辞典只是国文课预习的事情，其他功课内就用不到，自动地阅读文艺作品当然更无需那样了。这种见解不免错误。产生这个错误不是没有缘由的。其一，除了国文教师以外，所有辅导少年的人都不曾督促少年去利用字典辞典。其二，现在还没有一种适于少年用的比较完善的字典和辞典。虽然有这些缘由，但是从原则上说，无论什么人都该把字典辞典作为终身伴侣，以便随时解决语言文字的疑难。字典辞典即使还不完善，能利用总比不利用好。

　　不过字典辞典的解释，无非取比照的或是说明的办法，究竟和原字原辞不会十分贴合。例如"踌躇"，解作"犹豫"，就是比照的办法；"情操"，解作"最复杂的感情，其发作由于精神的作用，就是爱美和尊重真理的感情"，就是说明的办法。完全不了解什么叫作"踌躇"，什么叫作"情操"的人看了这样的解释，自然能有所了解。但是在文章中间，该用"踌躇"的地方不能换上"犹豫"，该用"情操"的地方也不能拿说明的解释语去替代，可见从意义上、情味上说，原字原辞和字典辞典的解释必然多少有点距离。

不了解一个字一个辞的意义和情味，单靠翻查字典辞典是不够的。必须在日常生活中随时留意，得到真实的经验，对于语言文字才会有正确丰富的了解力，换句话说，对于语言文字才会有灵敏的感觉。这种感觉通常叫作"语感"。

夏丏尊先生在一篇文章里讲到语感，有下面的一节说：

> 在语感锐敏的人的心里，"赤"不但解作红色，"夜"不但解作昼的反对吧。"田园"不但解作种菜的地方，"春雨"不但解作春天的雨吧。见了"新绿"二字，就会感到希望、自然的化工、少年的气概等等说不尽的旨趣，见了"落叶"二字，就会感到无常、寂寥等等说不尽的意味吧。真的生活在此，真的文学也在此。

夏先生这篇文章提及的那些例子，如果单靠翻查字典，就得不到什么深切的语感。惟有从生活方面去体验，把生活所得的一点一点积聚起来，积聚得越多，了解就越深切。直到自己的语感和作者不相上下，那时候去鉴赏作品，就真能够接近作者的旨趣了。

譬如作者在作品中描写一个人从事劳动，末了说那个人"感到了健康的疲倦"，这是很生动很实感的说法，但是语感欠锐敏的人就不觉得这个说法的有味，他想："疲倦就疲倦了，为什么加上'健康的'这个形容词呢？难道疲倦还有健康的和不健康的分别吗？"另外一个读者却不然了，他自己有过劳动的经验，觉得劳动后的疲倦确然和一味懒散所感到的疲倦不同；一是发皇的、兴奋的，一是萎缩的、委靡的，前者虽然疲倦但有快感，后者却使四肢百骸都像销融

了那样地不舒服。现在看见作者写着"健康的疲倦"，不由得拍手称赏，以为"健康的"这个形容词真有分寸，真不可少，这当儿的疲倦必须称为"健康的疲倦"，才传达出那个人的实感，才引得起读者经历过的同样的实感。

这另外一个读者自然是语感锐敏的人了。他的语感为什么会锐敏？就在乎他有深切的生活经验，他知道同样叫作疲倦的有性质上的差别，他知道劳动后的疲倦怎样适合于"健康的"这个形容词。

看了上面的例子，可见要求语感的锐敏，不能单从语言文字上去揣摩，而要把生活经验联系到文字上去。一个人即使不预备鉴赏文艺，也得训练语感，因为这于治事接物都有用处。为了鉴赏文艺，训练语感更是基本的准备。有了这种准备，才可以通过文字的桥梁，和作者的心情相契合。

三、不妨听听别人的话

鉴赏文艺，要和作者的心情相契合，要通过作者的文字去认识世界，体会人生，当然要靠读者自己的努力。有时候也不妨听听别人的话。别人鉴赏以后的心得不一定就可以转变为我的心得；也许它根本不成为心得，而只是一种错误的见解。可是只要抱着参考的态度，听听别人的话，总不会有什么害处。抱着参考的态度，采取不采取，信从不信从，权柄还是在自己手里。即使别人的话只是一种错误的见解，我不妨把它搁在一旁；而别人有几句话搔着了痒处，我就从此得到了启发，好比推开一扇窗，放眼望出去可以看见许多新鲜的事物。阅读文艺也应该阅读批评文章，理由就在这里。

批评的文章有各式各样。或者就作品的内容和形式加以赞美或指摘；或者写自己被作品引起的感想；或者说明这作品应该怎样看法；或者推论这样的作品对于社会会有什么影响。一个文艺阅读者，这些批评的文章都应该看看。虽然并不是所有的批评文章都有价值，但是看看它们，就像同许多朋友一起在那里鉴赏文艺一样，比较独个儿去摸索要多得到一点切磋琢磨的益处和触类旁通的机会。

文艺阅读者最需要看的批评文章是切切实实按照作品说话的那一种。作品好在哪里，不好在哪里；应该怎样看法，为什么；对于社会会有什么影响，为什么：这样明白地说明，当然适于作为参考了。

有一些批评文章却只用许多形容词，如"美丽""雄壮"之类；或者集合若干形容词语，如"光彩焕发，使人目眩""划时代的，出类拔萃"之类。对于诗词，这样的批评似乎更常见。从前人论词（从广义说，词也是诗歌），往往说苏、辛豪放，周、姜蕴藉，就是一个例子。这只是读了这四家的词所得的印象而已；为要用语言文字来表达所得的印象，才选用了"豪放"和"蕴藉"两个形容词。"豪放"和"蕴藉"虽然可以从辞典中查出它们的意义来，但是对于这两个形容词的体会未必人人相同，在范围上，在情味上，多少有广狭、轻重和差别。所以，批评家所说的"豪放"和"蕴藉"不就是读者意念中的"豪放"和"蕴藉"。读者从这种形容词所能得到的帮助很少。要有真切的印象，还得自己去阅读作品。其次，说某人的作品怎样，大抵只是扼要而言，不能够包括净尽。在批评家，选用几个形容词，集合几个形容词语，来批评某个作家的作品，固然是他的自由；可是读者不能够以此自限。如果以此自限，对于某个作家的作品的领会就得打折扣了。

阅读了一篇作品，觉得淡而无味，甚至发生疑问，作者为什么要采集这些材料，写成这篇文章呢？这是读者常有的经验。这当儿，我们不应该就此武断地说，这是一篇要不得的作品，没有道理的作

品。我们应该虚心地想，也许是没有把它看懂吧。于是去听听别人的话。听了别人的话，再去看作品，觉得意味深长了；这些材料确然值得采集，这篇文章确然值得写作。这也是读者常有的经验。

我有一个朋友给他的学生选读小说，有一回，选了日本国木田独步的一篇《疲劳》。这篇小说不过两千字光景，大家认为是国木田独步的佳作。它的内容大略如下：

篇中的主人公叫作大森。所叙述的时间是五月中旬某一天的午后二时到四时半光景。地点是一家叫作大来馆的旅馆里。譬之于戏剧，这篇小说可以分为两场：前一场是大森和他的客人田浦在房间里谈话；后一场是大森出去了一趟回到房间里之后的情形。

在前一场中，侍女阿清拿来客中西的名片进来报告说，遵照大森的嘱咐，账房已经把人不在馆里的话回复那个来客了。大森和田浦正要同中西接洽事情，听说已经把他回复了，踌躇起来。于是两人商量，想把中西叫来；又谈到对付中西的困难，迁就他不好，对他太像煞有介事也不好。最后决定送信到中西的旅馆去，约他明天清早到这里来。大森又准备停会儿先出去会一会与事情有关的骏河台那个角色；当夜还要把叫作泽田的人叫来，教他把"样本的说明顺序"预备妥当，以便对付中西。

在后一场中，大森从外面回来，疲劳得很，身子横倒在席上，成了个"大"字。侍女报说江上先生那里来了电话。大森勉强起来去接，用威势堂堂的声气接谈。回答说，"那么就请来。"大森"回到房里，又颓然把身子横倒了，闭上眼睛。忽而举起右手，屈指唱着数目，似乎在想什么。过了一会，手'拍'的自然放下，发出大鼾声来，那脸色宛如死人。"

许多学生读了这篇小说，觉得莫名其妙。大森和田浦要同中西接洽什么事情呢？接洽的结果怎样呢？篇中都没有叙明。像这样近乎无头无尾的小说，作者凭什么意思动笔写作呢？

于是我的朋友向学生提示说：

你们要注意，这是工商社会中生活的写生。他们接洽的是什么事情，对于领会这篇小说没有多大关系；单看中间提及"样本的说明顺序"，知道是买卖交易上的事情就够了。在买卖交易上需要这么勾心斗角，斟酌对付，以期占有得便宜：这是工商社会的特征。

再看大森和田浦的生活方式完全是工商社会的：他们在旅馆里开了房间商量事情；那旅馆的电话备有店用的客用的，足见通话的频繁；午后二时光景住客大都出去了，足见这时候正有许多事情在分头进行。大森在房间里拟的是"电报稿"，用的是"自来水笔"，要知道时间，看的是"案上的金时计"。他不断地吸"纸烟"，才把烟蒂放下，接着又取一支在手；烟灰盆中盛满了埃及卷烟的残蒂。田浦呢，匆忙地查阅"函件"；临走时候，把函件整理好了装进"大皮包"里。这些东西好比戏剧中的"道具"，样样足以显示人物的生活方式。他们在商量事情的当儿，不免由一方传染到对方，大家打着"呵欠"。在唤侍女来教她发信的当儿，却顺便和她说笑打趣。从这上边，可以见到他们所商量的事情并不是怎样有兴味的。后来大森出去了一趟再回来，横倒在席上，疲劳得连洋服也不耐烦脱换。从这上边可以见到他这一趟出去接洽和商量的事情也不是怎样有兴味的。待他接了江上的电话之后，才在"屈指唱着数目，似乎在想什么"，但是一会儿就入睡了，"脸色宛如死人"。这种生活怎样地使人疲倦，也就可想而知了。

领会了这些，再来看作为题目的"疲劳"这个词，不是有

画龙点睛的妙处吗？

许多学生听了提示，把这篇小说重读一遍，差不多异口同声地说："原来如此。现在我们觉得这篇小说句句有分量，有交代了。"

叶 圣 陶

作 品 精 选

童

话

童　话

小　白　船

　　一条小溪是各种可爱的东西的家。小红花站在那儿，只顾微笑，有时还跳起好看的舞来。绿色的草上缀着露珠，好像仙人的衣服，耀得人眼花。水面上铺着青色的萍叶，矗起一朵朵黄色的萍花，好像热带地方的睡莲——可以说是小人国里的睡莲。小鱼儿成群地来来往往，细得像绣花针，只有两颗大眼珠闪闪发光。青蛙老瞪着眼睛，不知守在那儿干什么，也许在等待他的好朋友。

　　水面上有极轻微的声音，是鱼儿在奏乐，他们会用他们的特别的方法，奏出奇妙的音乐来：“泼剌……泼剌……”好听极了。他们邀小红花跟他们一起跳舞；绿萍要炫耀自己的美丽的衣服，也跟了上来。小人国里的睡莲高兴得轻轻地抖动，青蛙看呆了，不知不觉随口唱起歌儿来。

　　小溪上的一切东西更加有趣更加可爱了。

　　小溪的右岸停着一条小小的船。这是一条很可爱的小船，船身是白的，它的舵和桨，它的帆，也都是白的；形状像一只梭子，又狭又长。胖子是不配乘这条船的。胖子一跨上船，船身一侧，就掉进水里去了。老人也不配乘这条船。老人脸色黝黑，额角上布满了皱纹，坐在小船上，被美丽的白色一衬托，老人会羞得没处躲藏了。这条小船只配给活泼美丽的小孩儿乘。

　　真的有两个孩子向溪边走来了。一个是男孩儿，穿着白色的衣

服，脸色红得像个苹果。一个是女孩儿，穿着很淡的天蓝色的衣服，脸色也很红润，而且更加细嫩。他们俩手牵着手，用轻快的步子穿过了小树林，来到小溪边上，跨上了小白船。小白船稳稳地载着他们两个，略微摆了两下，好像有点儿骄傲。

男孩儿说："咱们在这儿坐一会儿吧。"

"好，咱们看着小鱼儿。"女孩儿靠船舷回答。

小鱼儿依旧奏他们的音乐，青蛙依旧唱他的歌。男孩儿摘了一朵萍花，插在女孩儿的辫子上。他看着笑了起来，说："你真像个新娘子了。"

女孩儿好像没听见，她拉了拉男孩儿的衣袖，说："咱们来唱《鱼儿歌》，咱们一同唱。"

他们唱起歌儿来：

　　　　鱼儿来，鱼儿来，
　　　　我们没有网，我们没有钩儿。
　　　　我们唱好听的歌，
　　　　愿意跟你们一块玩儿。

　　　　鱼儿来，鱼儿来，
　　　　我们没有网，我们没有钩儿。
　　　　我们采好看的花，
　　　　愿意跟你们一块玩儿。

　　　　鱼儿来，鱼儿来，
　　　　我们没有网，我们没有钩儿。
　　　　我们有快乐的一切，

愿意跟你们一块玩儿。

歌还没唱完，刮起大风来了，小溪两岸的花和草，跳舞的拍子越来越快了，水面上也起了波纹。男孩儿张起帆来，要乘风航行。女孩儿掌着舵，手按在舵把上，像个老船工。只见两岸的景物飞快地往后退，小白船像一条飞鱼，在小溪上一直向前飞。

风真急呀，两岸的景色都看不清楚了，只见一抹一抹的黑影向后闪过。船底下的水声盖过了一切声音。帆盛满了风，好像弥勒佛的大肚子。小白船不知要飞到哪儿去！两个孩子着慌了，航行了这许多时候，不知到了什么地方。要让小白船停住，可是又办不到，小白船飞得正欢哩。

女孩儿哭了，她想起她的妈妈，想起她的小床，想起她的小黄猫，今天恐怕都见不着了。虽然有亲爱的小朋友跟她在一起，可是妈妈，小床，小黄猫，她都舍不得呀。

男孩儿给她理好被风吹散的头发，又用手盛她流下来的眼泪。他说："不要哭吧，好妹妹，一滴眼泪就像一滴甘露，你得爱惜呀。大风总有停止的时候，就像巨浪总有平静的时候一个样。"

女孩儿靠在他的肩膀上，哭个不停，好像一位悲伤的仙女。

男孩儿想办法让船停住。他叫女孩儿靠紧船舷，自己站了起来，左手拉住帆绳的活扣，右手拿着桨；他很快地抽开活扣，用桨顶住岸边。帆落下来了，小白船不再向前飞了。看看岸上，却是一片没有人的旷野。

两个孩子上了岸。风还像发了狂似的，大树摇得都有点儿累了。女孩儿才揩干眼泪，看看四面没有人，也没有房屋，眼泪又像泉水一样涌出来了。男孩儿安慰她说："没有房屋，咱们有小白船呢。没有人，咱们两个在一起，不也很快活吗？咱们一同玩儿去吧！"

女孩儿跟着他一直向前走。风吹在身上有点儿冷，他们紧紧靠在一起，互相用手搂住腰。走了几百步远，他们看见一棵野柿子树，树上熟透的柿子好像无数的玛瑙球，有的落在地上。女孩儿拾起一个，掰开来一尝，甜极了，她就叫男孩儿也拾来吃。

他们俩坐在地上吃柿子，把一切都忘记了，忽然从矮树丛里跑出一只小白兔来，到了他们跟前就伏着不动了。女孩儿把他抱在怀里，抚摩他的柔软的毛。男孩儿笑着说："咱们又有了一个同伴，更不寂寞了。"他掰开一个柿子喂给小白兔吃，红色的果浆涂了小白兔一脸。

远远的有个人跑来了，身子特别高，脸长得很可怕。他看见小白兔在他们身边，就板起了脸，说他们偷了他的小白兔。

男孩子急忙辩白说："他是自己跑来的。我们喜欢他。一切可爱的东西，我们都爱。"

那个人点点头说："既然这样，我也不怪你们。把小白兔还给我就是了。"

女孩儿舍不得，把小白兔抱得更紧了，脸贴着他的白毛，好像要哭出来了。那个人全不理会，伸手就把小白兔夺走了。

这时候，风渐渐缓和了。男孩儿想，既然遇到了人，为什么不问一问呢？他就问那个人，这儿离家有多远，该从哪条河走。

那个人说："你们家离这儿二十多里呢，河水曲折，你们一定认不得回去的路了。我可以送你们回去。"

女孩子快活极了，她想：这个人长得可怕，心肠原来很慈善，就央告说："咱们快上船吧，妈妈和小黄猫都在等着我们呢！"

那个人说："这可不成。我送你们回去，你们用什么酬谢我呢？"

男孩子说："我送给你一幅美丽的图画。"

女孩子说："我送给你一束波斯菊，红的白的都有，真好看呢！"

那个人摇头说："我什么也不要。我有三个问题，你们能回答出来，我就送你们回去；要是答不出来，我抱着小白兔就管自走了。你们愿意吗?"

"愿意。"他们一同回答。

那个人说："第一个问题，鸟儿为什么要唱歌?"

"他们要唱给爱他们的人听。"女孩儿抢先回答。

那个人点点头说："算你答得不错。第二个问题：花儿为什么香?"

男孩儿回答说："香就是善，花是善的标志。"

那个人拍手说："有意思。第三个问题是，为什么你们乘的是小白船。"

女孩儿举起右手，好像在课堂上回答老师似的："因为我们纯洁，只有小白船才配让我们乘。"

那个人大笑起来，他说："好，我送你们回去。"

两个孩子高兴极了。他们互相抱着，亲了一亲，就跑回小白船。

仍旧是女孩儿掌舵，男孩儿和那个人各划一支桨。女孩子看着两岸的红树、草屋、田地，都像神仙的世界，更使她满意的是那只小白兔没有离开她，这时候就在她的脚边。她伸手采了一支蓼花让他咬，逗着他玩儿。

男孩儿说："没有这场大风，就没有此刻的快乐。"

女孩儿说："要是咱们不能回答他的问题，此刻还有快乐吗?"

那个人划着桨，看着他们微笑，只不开口。

等到小白船回到原来停泊的地方，小红花和绿叶早已停止了跳舞，萍叶盖着睡熟了的小鱼儿，只有青蛙还在不停地唱歌。

1921 年 11 月 15 日写毕

画　眉

　　一个黄金的鸟笼里，养着一只画眉。明亮的阳光照在笼栏上，放出耀眼的光辉，赛过国王的宫殿。盛水的罐儿是碧玉做的，把里边的清水照得像雨后的荷塘。鸟食罐儿是玛瑙做的，颜色跟粟子一模一样。还有架在笼里的三根横棍，预备画眉站在上面的，是象牙做的。盖在顶上的笼罩，预备晚上罩在笼子外边的，是最细的丝织成的缎子做的。

　　那画眉，全身的羽毛油光光的，一根不缺，也没一根不顺溜。这是因为它吃得讲究，每天还要洗两回澡。它舒服极了，每逢吃饱了，洗干净了，就在笼子里跳来跳去。跳累了，就站在象牙的横棍上歇一会儿，或者这一根，或者那一根。这时候，它用嘴刷刷这根羽毛，刷刷那根羽毛，接着，抖一抖身子，拍一拍翅膀，很灵敏地四外看一看，就又跳来跳去了。

　　它叫的声音温柔，宛转，花样多，能让听的人听得出了神，像喝酒喝到半醉的样子。养它的是个阔公子哥儿，爱它简直爱得要命。它喝的水，哥儿要亲自到山泉那儿去取，并且要过滤。吃的粟子，哥儿要亲手拣，粒粒要肥要圆，并且要用水洗过。哥儿为什么要这样费心呢？为什么要给画眉预备这样华丽的笼子呢？因为哥儿爱听画眉唱歌，只要画眉一唱，哥儿就快活得没法说。

　　说到画眉呢，它也知道哥儿待它好，最爱听它唱歌，它就接连

192

不断地唱歌给哥儿听，哪怕唱累了，还是唱。它不明白张开嘴叫几声有什么好听，猜不透哥儿是什么心。可是它知道，哥儿确是最爱听它唱，那就为哥儿唱吧。哥儿又常跟同伴的姊妹兄弟们说："我的画眉好极了，唱得太好听，你们来听听。"姊妹兄弟们来了，围着看，围着听，都很高兴，都说了很多赞美的话。画眉想："我实在觉不出来自己的叫声有什么好听，为什么他们也一样地爱听呢？"但是这些人是哥儿约来的，应酬不好，哥儿就要伤心，那就为哥儿唱吧。

日子一天天过去，它的生活总是照常，样样都很好。它接连不断地唱，为哥儿，为哥儿的姊妹兄弟们，不过始终不明白自己唱的有什么意义，有什么趣味。

画眉很纳闷，总想找个机会弄明白。有一天，哥儿给它加食添水，忘记关笼门，就走开了。画眉走到笼门，往外望一望，一跳，就跳到外边，又一飞，就飞到屋顶上。它四外看看，新奇，美丽。深蓝的天空，飘着小白帆似的云。葱绿的柳梢摇摇摆摆，不知谁家的院里，杏花开得像一团火。往远处看，山腰围着淡淡的烟，好像一个刚醒的人，还在睡眼蒙眬。它越看越高兴，由这边跳到那边，又由那边跳到这边，然后站住，又看了老半天。

它的心飘起来了，忘了鸟笼，也忘了以前的生活，一兴奋，就飞起来，开始它也不知道是往哪里的远方飞。它飞过绿的草原，飞过满盖黄沙的旷野，飞过波浪拍天的长江，飞过浊流滚滚的黄河，才想休息一会儿。它收拢翅膀，往下落，正好落在一个大城市的城楼上。下边是街市，行人，车马，拥拥挤挤，看得十分清楚。

希奇的景象由远处过来了。街道上，一个人半躺在一个左右有两个轮子的木槽子里，另一个人在前边拉着飞跑。还不只一个，这一个刚过去，后边又过来一长串。画眉想："那些半躺在木槽子里的人大概没有腿吧？要不，为什么一定要旁人拉着才能走呢？"它就仔

细看半躺在上边的人，原来下半身蒙着很精致的花毛毯，就在毛毯下边，露出擦得放光的最时兴的黑皮鞋。"那么，可见也是有腿了。为什么要别人拉着走呢？这样，一百个人里不就有五十个是废物了吗？"它越想越不明白。

"或者那些拉着别人跑的人以为这件事很有意思吧？"可是细看看又不对。那些人脸涨得通红，汗直往下滴，背上热气腾腾的，像刚揭开盖的蒸笼。身子斜向前，迈着大步，像正在逃命的鸵鸟，这只脚还没完全着地，那只脚早扔了出去。"为什么这样急呢？这是到哪里去呢？"画眉想不明白。这时候，它看见半躺在上边的人用手往左一指，前边跑的人就立刻一顿，接着身子一扭，轮子，槽子，连上边半躺着的人，就一齐往左一转，又一直往前跑。它明白了，"原来飞跑的人是为别人跑。难怪他们没有笑容，也不唱赞美跑的歌，因为他们并不觉得跑是有意义有趣味的。"

它很烦闷，想起一个人当了别人的两条腿，心里不痛快，就很感慨地唱起来。它用歌声可怜那些不幸的人，可怜他们的劳力只为了一个别人，他们做的事没有一些儿意义，没有一些儿趣味。

它不忍再看那些不幸的人，想换个地方歇一会儿，一飞就飞到一座楼房的绿漆栏杆上。栏杆对面是一个大房间，隔着窗户往里看，许多阔气的人正围着桌子吃饭。桌上铺的布白得像雪。刀子，叉子，玻璃酒杯，大大小小的花瓷盘子，都放出晃眼的光。中间是一个大花瓶，里边插着各种颜色的鲜花。围着桌子的人呢，个个红光满面，眼眯着，正在品评酒的滋味。楼下传来声音，它赶紧往楼下看，情形完全变了；一条长木板上，刀旁边，一条没头没尾的鱼，一小堆切成丝的肉，几只去了壳的大虾，还有一些切得七零八碎的鸡鸭。木板旁边，水缸，脏水桶，盘、碗、碟、匙，各种瓶子，煤，劈柴，堆得乱七八糟，遍地都是。屋里有几个人，上身光着，满身油腻，正在弥漫的油烟和蒸汽里忙忙碌碌。一个人脸冲着火，用锅炒什么。油一下锅，锅边上就冒起一团火，把他的脸和胳膊烤得通红。菜炒好了，倒在花瓷盘子里，一个穿白衣服的人接过去，上楼去了。不一会儿，就由楼上传出欢笑的声音，刀子和叉子的光又在桌面上闪晃起来。

画眉就想："楼下那些人大概是有病吧？要不，为什么一天到晚在火旁边烤着呢。他们站在那里忙忙碌碌，是因为觉得很有意义很有趣味吗？"可是细看看，都不大对。"要是受了寒，为什么不到家里蒙上被躺着？要是觉得有意义，有趣味，为什么脸上一点儿笑容也没有？菜做熟了为什么不自己吃？对了，他们是听了穿白衣服的人的吩咐，才皱着眉，慌手慌脚地洗这个炒那个的。他们忙碌，不是自己要这样，是因为别人要吃才这样。"

它很烦闷，想起一个人成了别人的做菜机器，心里不痛快，就很感慨地唱起来。它用歌声可怜那些不幸的人，可怜他们的劳力只为一些别人，他们做的事没有一些儿意义，没有一些儿趣味。

它不忍再看那些不幸的人，想换个地方歇一会儿，一展翅就飞起来。飞过一条弯弯曲曲的僻静的胡同，从那里悠悠荡荡地传出三弦和一个女孩子歌唱的声音。它收拢翅膀，落在一个屋顶上。屋顶上有个玻璃天窗，它从那里往下看，一把椅子，上边坐着个黑大汉，弹着三弦，一个十三四岁的女孩子站在旁边唱。它就想："这回可看到幸福的人了！他们正奏乐唱歌，当然知道音乐的趣味了。我倒要看看他们快乐到什么样子。"它就一面听，一面仔细看。

没想到完全不是那么回事，它又想错了。那个女孩子吧，越唱越紧，越唱越高，脸涨红了，拔那个顶高的声音的时候，眉皱了好几回，额上的青筋也胀粗了，胸一起一伏，几乎接不上气。调门好容易一点点地溜下来，可是唱词太繁杂，字像流水一样往外滚，连

195

喘口气也为难，后来嗓子都有点儿哑了。三弦和歌唱的声音停住，那个黑大汉眉一皱，眼一瞪，大声说："唱成这样，凭什么跟人家要钱！再唱一遍！"女孩子低着头，眼里水汪汪的，又随着三弦的声音唱起来。这回像是更小心了，声音有些颤。

画眉这才明白了，"原来她唱也是为别人。要是她可以自己作主张，她早就到房里去休息了。可是办不到，为了别人爱听，为了挣别人的钱，她不能不硬着头皮练习。那个弹三弦的人呢，也一样是为别人才弹，才逼着女孩子随着唱。什么意义，什么趣味，他们真是连做梦也没想到。"

它很烦闷，想起一个人成了别人的乐器，心里很不痛快，就感慨地唱起来。它用歌声可怜那些不幸的人，可怜他们的劳力只为一些别人，他们做的事没有一些儿意义，没有一些儿趣味。

画眉决定不回去了，虽然那个鸟笼华丽得像宫殿，它也不愿意再住在里边了。它觉悟了，因为见了许多不幸的人，知道自己以前的生活也是很可怜的。没意义的唱歌，没趣味的唱歌，本来是不必唱的。为什么要为哥儿唱，为哥儿的姊妹兄弟们唱呢？当初糊里糊涂的，以为这种生活还可以，现在见了那些跟自己一样可怜的人，就越想越伤心。它忍不住，哭了，眼泪滴滴答答的，简直成了特别爱感伤的杜鹃了。

它开始飞，往荒凉空旷的地方飞。晚上，它住在乱树林子里；白天，它高兴飞就飞，高兴唱就唱。饿了，就随便找些野草的果实吃。脏了，就到溪水里去洗澡。四外不再有笼子的栏杆围住它，它愿意怎么样就怎么样。有时候，它也遇见一些不幸的东西，它伤心，它就用歌声来破除愁闷。说也奇怪，这么一唱，心里就痛快了，愁闷像清晨的烟雾，一下子就散了。要是不唱，就憋得难受。从这以后，它知道什么是歌唱的意义和趣味了。

世界上，到处有不幸的东西，不幸的事儿——都市，山野，小屋子里，高楼大厦里。画眉有时候遇见，就免不了伤一回心，也就免不了很感慨地唱一回歌。它唱，是为自己，是为值得自己关心的一切不幸的东西，不幸的事儿。它永远不再为某一个人或某几个人的高兴而唱了。

画眉唱，它的歌声穿过云层，随着微风，在各处飘荡。工厂里的工人，田地上的农夫，织布的女人，奔跑的车夫，掉了牙的老牛，皮包骨的瘦马，场上表演的猴子，空中传信的鸽子……听见画眉的歌声，都心满意足，忘了身上的劳累，忘了心里的愁苦，一齐仰起头，嘴角上挂着微笑，说："歌声真好听！画眉真可爱！"

1922 年 3 月 24 日写毕

快乐的人

世界上有快乐的人吗？谁是最快乐的人？

世界上有快乐的人的，他就是最快乐的人。现在告诉你们他的故事。

他很奇怪，讲出来或者不能使你们相信，但是他确实这样奇怪。他周身包围着一层极薄的幕，这是天生的，没有谁给他围上，他自己也不曾围上。这层幕很不容易说明白。假若说像玻璃，透明得跟没有东西一样倒是像了，但是这层幕没有玻璃那么厚。假若说像蛋壳，把他裹得严严的倒是像了，但是蛋壳并不透明。总之，这层幕轻到没有重量，薄到没有质地，密到没有空隙，明到没有障蔽。他被这么一件东西包围着，但是他自己不知道被这么一件东西包围着。

他在这层幕里过他的生活，觉得事事快乐，时时快乐。他隔着这层幕看环绕他的一切，又觉得处处快乐，样样快乐。

有一天，他坐在家里，忽然来了两个客人。这两个客人原来是两个骗子。他们打算弄些钱去喝酒取乐，就扮作募捐的样子，一直跑到他家里。因为他们知道，他周身围着一层幕，看不出他们的破绽。

两个客人开口向他募捐。他们的声音十分慈善，他们的话语十分恳切。他们说：受到旱灾的同胞饿得只剩薄皮包着骨头；受到水灾的同胞全身黄肿，到处都渗出水来；受到兵灾的同胞提着快要折断的手臂在哀哭，抱着快要死去的孩子在狂叫。他们说救济苦难的同胞是大家应当作的事，所以愿意尽一点微力，出来到处捐募。

他听了两个客人的话，心里十分感动：受灾的同胞这样悲惨，这样痛苦，他觉得可怜；两位客人这样热心救人，他又很敬佩。他从口袋里取出一大块黄金交到客人的手里。两个客人诚恳地道了谢，就告别了。出了大门，两个人互相看看，脸上现出狡狯的笑容，一同去喝酒取乐了。

他捐了一大块黄金，觉得非常快乐。他闭着眼睛想："这两位客人拿了我的黄金，飞一般地跑到受灾的同胞那边，把黄金分给他们。饿瘦了的立刻有得吃了，个个变得丰满而强健；浸肿了的立刻得到医治，个个变得活泼而精壮；快要折断的手臂接上了；快要死去的孩子救活了。这多么快活！"他又想："我能得到这样的快活，都靠这两位客人。我会遇到这样好的客人，又多么快活！"他快活极了，对着镜子里的自己只是笑。

他的妻子在里屋，知道他又给骗子骗去了一大块黄金。她一直不满意他这样做，很想阻止他，但是看着他堆满了笑意的脸，不知为什么又没有勇气直说了，只在心里实在气不过的时候，冷讽热嘲地说他几句。他听妻子的话全然辨不出真昧，因为他周身围着一层幕。

一大块的黄金无缘无故到了骗子的手里，他的妻子的心里该有多么难过。她想这一回一定要重重实实地骂他一顿，教训他以后不要再上骗子的当。她满脸怒容，从里屋赶出来。但是一看见他堆满笑意的脸，她的怒气就发不出来了，骂他的话也在喉咙口哽住了。她只得脸上露出冷笑，用奚落的口气说："你做得天大的善事，人家一开口，大块的黄金就从口袋里摸出来。你真是世间惟一的好人！这样好事，以后尽可以多做些！做得越多，就见得你这个人越好！"

他看着妻子的笑脸，这么美丽，这么真诚，已经快乐得没法说了；又听她的话语这么恳切，这么富有同情，更快乐得如醉如痴，不知怎么才好。他的嘴笑得合不拢来，肥胖的脸上都起了皱纹；一连串笑声像是老鹳夜鸣。他好容易忍住了笑，说道："我遇见的人没有一个不是好人，尤其是你，好到使我想不出适当的话来称赞，更觉得含有深浓无比的快活。我当然依你的话，以后要尽量多做好事。"他说着，带了几块更大的金子，向外面走去。

前面是一片田野，矮墩墩绿油油的，尽栽的桑树。他远远望去，看见有好些人在桑林中行动。原来这时候正是初夏天气，蚕快要做茧了，急等着桑叶吃。养蚕的人昼夜不停地采了桑叶去喂蚕。桑林不是那些人自己的，他们得给桑林的主人付了钱，才能动手采。他们又没有钱，只好把破棉衣当了，把缺了腿的桌子凳子卖了，凑成一笔钱来付给桑林的主人。所以每一片桑叶都染着钱的臭气。这种臭气弥漫在田野间，淹没了花的香气，泥土的甘芳。养蚕的人好几夜没有睡了，疲倦的脸上泛着灰色，眼睛网满了红丝。他们几乎要病倒了，还勉强支撑着，两手不停地摘采，不敢懈怠。这样困倦的人在桑林中行动，减损了阳光的明亮，草树的葱绿。

他走近桑林，一点儿觉察不到采桑的人的困倦，也嗅不出遍布在桑林里的钱的臭气，因为他周身围着一层幕，虽然这幕是透明无质的。他只觉得满心的快乐。他想："这景象多么悦目，多么叫人心醉呵！那些人真幸福！采桑喂蚕，正是太古时候的淳朴的生活。他们就过着这种淳朴的生活呢。"他一边想，一边停了脚步，看他们把一条一条的桑枝剪下来，盛满一筐，又换过一个空筐子。不可遏止的诗情像泉水一般涌出来了，他的诗道：

满野的绿云，满野的绿云，

人在绿云中行。

采了绿云喂蚕儿，喂蚕儿，

蚕儿吐丝鲜又新。

鬓儿蓬松的姑娘们，姑娘们，

可不是脚踏绿云的仙人！

身躯健壮的，胳膊健壮的，

可不是太古时代的快活人！

他得意极了，反复吟唱自己的新诗，似乎鸟儿也和着他吟唱，泉水也跟着他赞美。若有人问："快乐的天地在哪里？"他一定会跳跃着回答："我们的天地就是快乐的天地。因为在这天地间，没有一个人、一块石头、一根草、一片叶子不快乐。"

他走过田野，来到都市里。最使他触目的，是一座五层楼房。机器的声响从里面传出来，雄壮而有韵律。原来这是一所纺纱厂，在里面工作的全是妇女。做妻子的，因为丈夫的力气已经用尽，还养不活一家老小；做女儿的，因为父亲找不到职业，一家人无法生活：她们只好进这个纺纱厂来做工。早上天还没亮，她们赶忙跑进厂去；傍晚太阳早回家了，她们才回家。她们中午吃的，是带进去的冷粥和硬烧饼。她们没有工夫梳头，没有工夫换衣服，没有工夫伸伸腰打个呵欠，就是生下了孩子，也没有工夫喂奶。她们聚集在一处工作，发出一种浓厚的混污的气息，凝成一种惨淡的颓丧的景象。这种气息，这种景象，充塞在厂房以内，笼罩在厂房之外。这座五层楼房，就仿佛埋在泥沙里，阴沟里。

他走进厂房，一点也觉察不到四围的混污和颓丧，因为他周身围着一层幕，虽然这幕是透明无质的。他只觉得眼前的一切都有趣味。他想："这机器的发明真是人类的第一快乐的事呵！试看机器的工作，多么迅速，多么精巧！那些妇女也十分幸福，她们只作那最轻松的工作，管理机器。"他看着机器在转动，女工在工作，雪白的细纱不断地纺出来，诗情又潮水一般升起来了，他的诗道：

> 人的聪明，只要听机器的声音，
> 人的聪明，只要看机器在运行。
> 机器给我们东西，好的东西。
> 我们领受它的厚礼。

> 我赞美工作的女人，
> 洁白的棉纱围在周身，
> 虽然用的力量这么轻微，
> 人间已感激她们的力量的厚意。

他兴奋极了，反复吟唱自己的新诗，似乎机器也和着吟唱，女工们都点头赞叹。若有人问："快乐的天地在哪里？"他必然会跳跃着回答："这里也就是一个快乐的天地。因为在这里，没有一个人、一块铁、一缕纱、一条皮带不快乐。"

他走出纺纱厂，一大群人迎了上来，欢呼的声音像潮水一般，而且一齐向他行礼。这些人探知他带着很多的大块的黄金，想骗到手，大家分了买鸦片烟吸。他是不会知道底细的，他周身围着一层幕呢！

这些人中的一个代表温和地笑着，向他说："天地是快乐的，人是快乐的，先生是这么相信，我们也这么相信。我们想，咱们在快乐的天地间，做快乐的人，真是最快乐不过的事。这可不能没有个纪念。我们打算造个快乐纪念塔，想来先生一定是赞成的。"

"赞成！赞成！"他高兴地喊着，就把带来的大块的黄金都交给了他们。他们欢呼了一阵，就走了，后来把黄金分了，大家买了鸦片烟拼命地吸。他呢，欢欢喜喜地回到家里，只是没想那快乐纪念塔怎么精美，怎么雄伟；落成的那一天怎么热闹，怎么快乐。这天夜里，他的妻子听见他在梦中发狂般地欢呼。

以上说的，是他一天的经历。他的快乐生活都是这么过的。

有一天，大家传说他死了，害的什么病，都不大清楚。后来有人说："他并不是害病死的。有一个恶神在地面游行，要使地面上没有一个快乐的人，忽然查出了他，就把他的透明无质的幕轻轻地刺破了。"

1922 年 5 月 24 日作

稻 草 人

　　田野里白天的风景和情形，有诗人把它写成美妙的诗，有画家把它画成生动的画。到了夜间，诗人喝了酒，有些醉了；画家呢，正在抱着精致的乐器低低地唱：都没有工夫到田野里来。那么，还有谁把田野里夜间的风景和情形告诉人们呢？有，还有，就是稻草人。

　　基督教里的人说，人是上帝亲手造的。且不问这句话对不对，咱们可以套一句说，稻草人是农人亲手造的。他的骨架子是竹园里的细竹枝，他的肌肉、皮肤是隔年的黄稻草。破竹篮子、残荷叶都可以做他的帽子；帽子下面的脸平板板的，分不清哪里是鼻子，哪里是眼睛。他的手没有手指，却拿着一把破扇子——其实也不能算拿，不过用线拴住扇柄，挂在手上罢了。他的骨架子长得很，脚底下还有一段，农人把这一段插在田地中间的泥土里，他就整天整夜站在那里了。

　　稻草人非常尽责任。要是拿牛跟他比，牛比他懒怠多了，有时躺在地上，抬起头看天。要是拿狗跟他比，狗比他顽皮多了，有时到处乱跑，累得主人四外去找寻。他从来不嫌烦，像牛那样躺着看天；也从来不贪玩，像狗那样到处乱跑。他安安静静地看着田地，手里的扇子轻轻摇动，赶走那些飞来的小雀，他们是来吃新结的稻穗的。他不吃饭，也不睡觉，就是坐下歇一歇也不肯，总是直挺挺地站在那里。

这是当然的，田野里夜间的风景和情形，只有稻草人知道得最清楚，也知道得最多。他知道露水怎么样凝在草叶上，露水的味道怎么样香甜；他知道星星怎么样眨眼，月亮怎么样笑；他知道夜间的田野怎么样沉静，花草树木怎么样酣睡；他知道小虫们怎么样你找我、我找你，蝴蝶们怎么样恋爱，总之，夜间的一切他都知道得清清楚楚。

以下就讲讲稻草人在夜间遇见的几件事儿。

一个满天星斗的夜里，他看守着田地，手里的扇子轻轻摇动。新出的稻穗一个挨一个，星光射在上面，有些发亮，像顶着一层水珠，有一点儿风，就沙拉沙拉地响。稻草人看着，心里很高兴。他想，今年的收成一定可以使他的主人——一位可怜的老太太——笑一笑了。她以前哪里笑过呢？八九年前，她的丈夫死了。她想起来就哭，眼睛到现在还红着；而且成了毛病，动不动就流泪。她只有一个儿子，娘儿两个费苦力种这块田，足足有三年，才勉强把她丈夫的丧葬费还清。没想到儿子紧接着得了白喉，也死了。她当时昏过去了，后来就落了个心痛的毛病，常常犯。这回只剩她一个人了，老了，没有气力，还得用力耕种，又挨了三年，总算把儿子的丧葬费也还清了。可是接着两年闹水，稻子都淹了，不是烂了就是发了芽。她的眼泪流得更多了，眼睛受了伤，看东西模糊，稍微远一点儿就看不见。她的脸上满是皱纹，倒像个风干的橘子，哪里会露出笑容来呢！可是今年的稻子长得好，很壮实，雨水又不多，像是能丰收似的。所以稻草人替她高兴：想到收割的那一天，她看见收下的稻穗又大又饱满，这都是她自己的，总算没有白受累，脸上的皱纹一定会散开，露出安慰的满意的笑容吧。如果真有这一笑，在稻草人看来，那就比星星月亮的笑更可爱，更可珍贵，因为他爱他的

主人。

稻草人正在想的时候，一个小蛾飞来，是灰褐色的小蛾。他立刻认出那小蛾是稻子的仇敌，也就是主人的仇敌。从他的职务想，从他对主人的感情想，都必须把那小蛾赶跑了才是。于是他手里的扇子摇动起来。可是扇子的风很有限，不能够教小蛾害怕。那小蛾飞了一会儿，落在一片稻叶上，简直像不觉得稻草人在那里驱逐他似的。稻草人见小蛾落下了，心里非常着急。可是他的身子跟树木一样，定在泥土里，想往前移动半步也做不到；扇子尽管摇动，那小蛾却依旧稳稳地歇着。他想到将来田里的情形，想到主人的眼泪和干瘪的脸，又想到主人的命运，心里就像刀割一样。但是那小蛾是歇定了，不管怎么赶，他就是不动。

星星结队归去，一切夜景都隐没的时候，那小蛾才飞走了。稻草人仔细看那片稻叶，果然，叶尖卷起来了，上面留着好些小蛾下的子。这使稻草人感到无限惊恐，心想祸事真个来了，越怕越躲不过。可怜的主人，她有的不过是两只模糊的眼睛；要告诉她，使她及早看见小蛾下的子，才有挽救呢。他这么想着，扇子摇得更勤了。扇子常常碰在身体上，发出啪啪的声音。他不会叫喊，这是惟一的警告主人的法子了。

老妇人到田里来了。她弯着腰，看看田里的水正合适，不必再从河里车水进来。又看看她手种的稻子，全很壮实；摸摸稻穗，沉甸甸的。再看看那稻草人，帽子依旧戴得很正；扇子依旧拿在手里，摇动着，发出啪啪的声音；并且依旧站得很好，直挺挺的，位置没有动，样子也跟以前一模一样。她看一切事情都很好，就走上田岸，预备回家去搓草绳。

稻草人看见主人就要走了，急得不得了，连忙摇动扇子，想靠着这急迫的声音把主人留住。这声音里仿佛说："我的主人，你不要去呀！你不要以为田里的一切事情都很好，天大的祸事已经在田里留下根苗了。一旦发作起来，就要不可收拾，那时候，你就要流干了眼泪，揉碎了心；趁着现在赶早扑灭，还来得及。这儿，就在这一棵上，你看这棵稻子的叶尖呀！"他靠着扇子的声音反复地警告；可是老妇人哪里懂得，一步一步地走远了。他急得要命，还在使劲摇动扇子，直到主人的背影都望不见了，他才知道警告是无效了。

除了稻草人以外，没有一个人为稻子发愁。他恨不得一下子跳过去，把那灾害的根苗扑灭了；又恨不得托风带个信，叫主人快快来铲除灾害。他的身体本来很瘦弱，现在怀着愁闷，更显得憔悴了，连站直的劲儿也不再有，只是斜着肩，弯着腰，好像害了病似的。

不到几天，在稻田里，蛾下的子变成的肉虫，到处都是了。夜深人静的时候，稻草人听见他们咬嚼稻叶的声音，也看见他们越吃越馋的嘴脸。渐渐地，一大片浓绿的稻全不见了，只剩下光秆儿。他痛心，不忍再看，想到主人今年的辛苦又只能换来眼泪和叹气，禁不住低头哭了。

这时候天气很凉了，又是在夜间的田野里，冷风吹得稻草人直打哆嗦；只因为他正在哭，没觉得。忽然传来一个女人的声音："我当是谁呢，原来是你。"他吃了一惊，才觉得身上非常冷。但是有什么法子呢？他为了尽责任，而且行动不由自主，虽然冷，也只好站在那里。他看那个女人，原来是一个渔妇。田地的前面是一条河，那渔妇的船就停在河边，舱里露出一丝微弱的火光。她那时正在把撑起的鱼罾放到河底；鱼罾沉下去，她坐在岸上，等过一会儿把它拉起来。

舱里时常传出小孩子咳嗽的声音，又时常传出困乏的、细微的叫妈的声音。这使她很焦心，她用力拉罾，总像很不顺手，并且几乎回回是空的。舱里的孩子还在咳嗽还在喊，她就向舱里说："你好

好儿睡吧！等我得着鱼，明天给你煮粥吃。你老是叫我，叫得我心都乱了，怎么能得着鱼呢！"

孩子忍不住，还是喊："妈呀，把我渴坏了！给我点儿茶喝！"接着又是一阵咳嗽。

"这里哪来的茶！你老实一会儿吧，我的祖宗！"

"我渴死了！"孩子竟大声哭起来。在空旷的夜间的田野里，这哭声显得格外凄惨。

渔妇无可奈何，放下拉罾的绳子，上了船，进了舱，拿起一个碗，从河里舀了一碗水，转身给孩子喝。孩子一口气把水喝下去，他实在渴极了。可是碗刚放下，他又咳嗽起来；而且更利害了，后来就只剩下喘气。

渔妇不能多管孩子，又上岸去拉她的罾。好久好久，舱里没有声音了，她的罾也不知又空了几回，才得着一条鲫鱼，有七八寸长。这是头一次收获，她很小心地把鱼从罾里取出来，放在一个木桶里，接着又把罾放下去。这个盛鱼的木桶就在稻草人的脚旁边。

这时候稻草人更加伤心了。他可怜那个病孩子，渴到那样，想一口茶喝都办不到；病到那样，还不能跟母亲一起睡觉。他又可怜那个渔妇，在这寒冷的深夜里打算明天的粥，所以不得不硬着心肠把生病的孩子扔下不管。他恨不得自己去作柴，给孩子煮茶喝；恨不得自己去作被褥，给孩子一些温暖；又恨不得夺下小肉虫的赃物，给渔妇煮粥吃。如果他能走，他一定立刻照着他的心愿做；但是不幸，他的身体跟树木一个样，定在泥土里，连半步也不能动。他没有法子，越想越伤心，哭得更痛心了。忽然啪的一声，他吓了一跳，停住哭，看出了什么事情，原来是鲫鱼被扔在木桶里。

木桶里的水很少，鲫鱼躺在桶底上，只有靠下的一面能够沾一些潮润。鲫鱼很难受，想逃开，就用力向上跳。跳了好几回，都被高高的桶框挡住，依旧掉在桶底上，身体摔得很疼。鲫鱼向上的一只眼睛看见稻草人，就哀求说："我的朋友，你暂且放下手里的扇子，救救我吧！我离开我的水里的家，就只有死了。好心的朋友，救救我吧！"

听见鲫鱼这样恳切的哀求，稻草人非常心酸；但是他只能用力摇动自己的头。他的意思是说："请你原谅我，我是个柔弱无能的人哪！我的心不但愿意救你，并且愿意救那个捕你的妇人和她的孩子，除了你、渔妇和孩子，还有一切受苦受难的。可是我跟树木一样，定在泥土里，连半步也不能自由移动，我怎么能照我的心愿去做呢！请你原谅我，我是个柔弱无能的人哪！"

鲫鱼不懂稻草人的意思，只看见他连连摇头，愤怒就像火一般地烧起来了。"这又是什么难事！你竟没有一点儿人心，只是摇头！原来我错了，自己的困难，为什么求别人呢！我应该自己干，想法子，不成，也不过一死罢了，这又算得了什么！"鲫鱼大声喊着，又用力向上跳，这回用了十二分力，连尾巴和胸鳍的尖端都挺了起来。

稻草人见鲫鱼误解了他的意思，又没有方法向鲫鱼说明，心里很悲痛，就一面叹气一面哭。过了一会儿，他抬头看看，渔妇睡着了，一只手还拿着拉罾的绳；这是因为她太累了，虽然想着明天的粥，也终于支持不住了。桶里的鲫鱼呢？跳跃的声音听不见了，尾巴好像还在断断续续地拨动。稻草人想，这一夜是许多痛心的事都凑在一块儿了，真是个悲哀的夜！可是看那些吃稻叶的小强盗，他们高兴得很，吃饱了，正在光秆儿上跳舞呢。稻子的收成算完了，主人的衰老的力量又白费了，世界上还有比这更可怜的吗！

夜更暗了，连星星都显得无光。稻草人忽然觉得由侧面田岸上走来一个黑影，近了，仔细一看，原来是个女人，穿着肥大的短袄，头发很乱。她站住，望望停在河边的渔船；一转身，向着河岸走去；

不多几步，又直挺挺地站在那里。稻草人觉得很奇怪，就留心看着她。

一种非常悲伤的声音从她的嘴里发出来，微弱，断断续续，只有听惯了夜间一切细小声音的稻草人才听得出。那声音说："我不是一条牛，也不是一口猪，怎么能让你随便卖给人家！我要跑，不能等着明天真个被你卖给人家。你有一点儿钱，不是赌两场输了就是喝几天黄汤花了，管什么用！你为什么一定要逼我？……只有死，除了死没有别的路！死了，到地下找我的孩子去吧！"这些话又哪里成话呢，哭得抽抽搭搭的，声音都被搅乱了。

稻草人非常心惊，又是一件惨痛的事情让他遇见了。她要寻死呢！他着急，想救她，自己也不知道为什么。他又摇起扇子来，想叫醒那个沉睡的渔妇。但是办不到，那渔妇睡得跟死了似的，一动也不动。他恨自己，不该像树木一样定在泥土里，连半步也不能动。见死不救不是罪恶吗？自己就正在犯着这种罪恶。这真是比死还难受的痛苦哇！"天哪，快亮吧！农人们快起来吧！鸟儿快飞去报信吧！风快吹散她寻死的念头吧！"他这样默默地祈祷；可是四围还是黑洞洞的，也没有一丝儿声音。他心碎了，怕看又不能不看，就胆怯地死盯着站在河边的黑影。

那女人沉默着站了一会儿，身子往前探了几探。稻草人知道可怕的时候到了，手里的扇子拍得更响。可是她并没跳，又直挺挺地站在那里。

又过了好大一会儿，她忽然举起胳膊，身体像倒下一样，向河里蹿去。稻草人看见这样，没等到听见她掉在水里的声音，就昏过去了。

第二天早晨，农人从河岸经过，发现河里有死尸，消息立刻传出去。左近的男男女女都跑来看。嘈杂的人声惊醒了酣睡的渔妇，她看那木桶里的鲫鱼，已经僵僵地死了。她提了木桶走回船舱；生病的孩子醒了，脸显得更瘦了，咳嗽也更加厉害。那老农妇也随着大家到河边来看；走过自己的稻田，顺便看了一眼。没想到才几天工夫，完了，稻叶稻穗都没有了，只留下直僵僵的光秆儿。她急得跺脚，捶胸，放声大哭。大家跑过来问她劝她，看见稻草人倒在田地中间。

1922 年 6 月 7 日写毕

古代英雄的石像

　　为了纪念一位古代的英雄，大家请雕刻家给这位英雄雕一个石像。

　　雕刻家答应下来，先去翻看有关这位英雄的历史，想象他的容貌，想象他的性情和气概。雕刻家的意思，随随便便雕一个石像不如不雕，要雕就得把这位英雄活活地雕出来，让看见石像的人认识这位英雄，明白这位英雄，因而崇拜这位英雄。

　　功到自然成。雕刻家一边研究，一边想象，石像的模型在他心里渐渐完成了。石像的整个姿态应该怎样，面目应该怎样，小到一个手指头应该怎样，细到一根头发应该怎样，他都想好了。他的意思，只有依照他想好的样子雕出来，才是这位英雄的活生生的本身，不是死的石像。

　　雕刻家到山里采了一块大石头，就动手工作。他心里有现成的模型，雕起来就有数，看着那块大石头，什么地方应该留，什么地方应该去，都清楚明白。钢凿一下一下地凿，刀子一下一下地刻，大小石块随着纷纷往地上掉。像黑昏时星星的显现一样，起初模糊，后来明晰，这位英雄的像终于站在雕刻家面前了。真是一丝也不多，一毫也不少，正同雕刻家心里想的一模一样。

　　这石像抬着头，眼睛直盯着远方，表示他的志向远大无边。嘴张着，好像在那里喊"啊！"左胳膊圈向里，坚强有力，仿佛拢着他下面的千百万群众。右手握着拳，向前方伸着，筋骨突出像老树干，意思是谁敢侵犯他一丝一毫，他就不客气给他一下子。

市中心有一片广场，大家就把这新雕成的石像立在广场的中心。立石像的台子是用石块砌成的，这些石块就是雕刻家雕像的时候凿下来的。这是一种新的美术建筑法，雕刻家说比用整块的方石垫在底下好得多。台子非常高，人到市里来，第一眼望见的就是这石像，就像到巴黎去第一眼望见的是那铁塔一个样。

雕刻家从此成了名，因为他能够给古代英雄雕一个石像，使大家都满意。

为了石像成功曾经开一个盛大的纪念会。市民都聚集到市中心的广场，在石像下行礼，欢呼，唱歌，跳舞；还喝干了几千坛酒，挤破了几百身衣裳，摔伤了很多人的膝盖。从这一天起，大家心里有这位英雄，眼里有这位英雄，做什么事情都像比以前特别有力气，特别有意思。无论谁从石像下经过，都要站住，恭恭敬敬地鞠个躬，然后再走过去。

骄傲的毛病谁都容易犯，除非圣人或傻子。那块被雕成英雄像的石头既不是圣人，又不是傻子，只是一块石头，看见人们这样尊敬他，当然就禁不住要骄傲了。

"看我多荣耀！我有特殊的地位，站得比一切都高。所有的市民都在下面给我鞠躬行礼。我知道他们都是诚心诚意的。这种荣耀最难得，没有一个神圣仙佛能够比得上！"

他这话不是向浮游的白云说，白云无精打采的，没有心思听他的话；也不是向摇摆的树林说，树林忙忙碌碌的，没有工夫听他的话。他这话是向垫在他下面的伙伴大大小小的石块说的。骄傲的架子要在伙伴面前摆，也是世间的老规矩。但是他仍然抬着头，眼睛直盯着远方，对自己的伙伴连一眼也不瞟，这就见得他的骄傲是太过了分。他看不起自己的伙伴，不屑于靠近他们，甚至还有溜到嘴

边又咽回去的一句话："你们，垫在我下面的，算得了什么呢！"

"喂，在上面的朋友，你让什么东西给迷住心了？你忘了从前！"台子角上的一块小石头慢吞吞地说，像是想叫醒喝醉的人，个个字都说得清楚，着实。

"从前怎么样？"上面那石头觉得出乎意料，但是不肯放弃傲慢的气派。

"从前你不是跟我们混在一起吗？也没有你，也没有我们，咱们是一整块。"

"不错，从前咱们是一整块。但是，经过雕刻家的手，咱们分开了。钢凿一下一下地凿，刀子一下一下地刻，你们都掉下去了。独有我，成了光荣尊贵的、受全体市民崇拜的雕像。我高高在上是应当的。难道你们想跟我平等吗？如果你们想跟我平等，就先得叫地跟天平等！"

"嘻！"另一块小石头忍不住，出声笑了。

"笑什么！没有礼貌的东西！"

"你不但忘了从前，也忘了现在！"

"现在又怎么样？"

"现在你其实也并没跟我们分开。咱们还是一整块，不过改了个样式。你看。从你的头顶到我们最下层，不是粘在一起吗？并且，正因为改成现在的样式，你的地位倒不安稳了。你在我们身上站着，只要我们一摇动，你就不能高高地……"

"除了你们，世间就没有石块了吗？"

"用不着费心再找别的石块了！那时候就没有你了，一跤摔下去，碎成千块万块，跟我们毫无分别。"

"没有礼貌的东西！胡说！敢吓唬我？"上面那石头生气了，又怕失去了自己的尊严，所以大声吆喝，像对囚犯或奴隶一样。

"他不信，"砌成台子的全体石块一齐说，"马上给他看看，把他扔下去!"

上面那石头吓了一跳,顾不得生气了,也暂时忘了自己的尊严,就用哀求的口气说:"别这样!彼此是朋友,连在一起粘在一起的朋友,何必故意为难呢!你们说的一点儿也不错,我相信,千万不要把我扔下去!"

"哈!哈!你相信了?"

"相信了,完全相信。"

危险算是过去了。骄傲像隔年的草根,冬天刚过去,就钻出一丝丝的嫩芽。上面那石头故意让语声柔和一些,用商量的口气说:"我想,我总比你们高贵一些吧,因为我代表一位英雄,这位英雄在历史上是很有名的。"

一块小石头带着讥笑的口气说:"历史全靠得住吗?几千年前的人自个儿想的事情,写历史的人都会知道,都会写下来。你说历史能不能全信?"

另一块石头接着说:"尤其是英雄,也许是个很平常的人,甚至是个坏蛋,让写历史的人那么一吹嘘,就变成英雄了;反正谁也不能倒过年代来对证。还有更荒唐的,本来没有这个人,明明是空的,经人一写,也就成了英雄了。哪吒,孙行者,不都是英雄吗?这些虽说是小说里的人物,可是也在人的心里扎了根,这种小说跟历史也差不了多少。"

"我代表的那位英雄总不会是空虚的,"上面那石头有点儿不高兴,竭力想说服底下的那些石头,"看市民这样纪念他,崇拜他,一定是历史上的实实在在的英雄。"

"也未必!"六七块石头同时接着说。

一块伶俐的小石头又加上一句:"市民最大的本领就是纪念空虚,崇拜空虚。"

上面那石头更加不高兴了，自言自语地说："空虚？我以为受人崇拜总是光荣的，难道我上了当……"

一块小石头也自言自语地说："我们岂但上了当，简直受了罪——一辈子垫在空虚的底下……"

大家不再说话了，都在想事情。

半夜里，石像忽然倒下来，像游泳的人由高处跳到水里。离地高，摔得重，碎成千块万块。石像，连下面的台子，一点儿原来的样子也没有了，变成大大小小的石块，堆在地上。

第二天早晨，市民从石像前边过，预备恭恭敬敬地鞠躬，可是广场中心只有乱石块，石像不知哪里去了。大家你看看我，我看看你，说不出一句话，无精打采地走散了。

雕刻家在乱石块旁边大哭了一场，哀悼他生平最伟大的杰作。他宣告说，他从此不会雕刻了。果然，以后他连一件小东西也没雕过。

乱石块堆在广场的中心很讨厌，有人提议用它筑市外往北去的马路，大家都赞成。新路筑成以后，市民从那里走，都觉得很方便，又开了一个庆祝的盛会。

晴和的阳光照在新路上，块块石头都露出笑脸。他们都赞美自己说：

"咱们真平等！"

"咱们一点儿也不空虚！"

"咱们集合在一块儿，铺成真实的路，让人们在上面高高兴兴地走！"

1929 年 9 月 5 日写毕

皇帝的新衣

从前安徒生写过一篇故事，叫《皇帝的新衣》，想来看过的人很不少。

这篇故事讲一个皇帝最喜欢穿新衣服，就被两个骗子骗了。骗子说，他们制成的衣服漂亮无比，并且有一种神奇的力量，凡是愚笨的或不称职的人就看不见。他们先织衣料，接着就裁，就缝，都只是用手空比划。皇帝派大臣去看好几次。大臣没看见什么，但是怕人家说他们愚笨，更怕人家说他们不称职，就都说看见了，确是非常漂亮。新衣服制成的一天，皇帝正要举行一种大礼，就决定穿了新衣服出去。两个骗子请皇帝穿上了新衣服。皇帝也没看见新衣服，可是他也怕人家说他愚笨，更怕人家说他不称职，听旁边的人一齐欢呼赞美，只好表示很得意，赤身裸体走出去了。沿路的民众也像看得十分清楚，一致颂扬皇帝的新衣服。可是小孩子偏偏爱说实心话，有一个喊出来："看哪，这个人没穿衣服。"大家听到，你看看我，我看看你，都笑了，终于喊起来："啊！皇帝真个没穿衣服！"皇帝听得真真的，知道上了当，像浇了一桶凉水；可是事儿已经这样，也不好意思再说回去穿衣服，只好硬着头皮往前走去。

以后怎么样呢？安徒生没说。其实以后还有许多事儿。

皇帝一路向前走，硬装作得意的样子，身子挺得格外直，以致肩膀和后背都有点儿酸疼了。跟在后面给他拉着空衣襟的侍臣知道

自己正在做非常可笑的事儿，直想笑；可是又不敢笑，只好紧紧地咬住下嘴唇。护卫的队伍里，人人都死盯着地，不敢斜过眼去看同伴一眼；只怕彼此一看，就憋不住，哈哈大笑起来。

民众没有受过侍臣护卫那样的训练，想不到咬紧嘴唇，也想不到死盯着地，既然让小孩子说破了，说笑声就沸腾起来。

"哈哈，看不穿衣服的皇帝！"

"嘻嘻，简直疯了！真不害臊！"

"瘦猴！真难看！"

"吓，看他的胳膊和大腿，像褪毛的鸡！"

皇帝听到这些话，又羞又恼，越羞越恼，就站住，吩咐大臣们说："你们没听见这群不忠心的人在那里嚼舌头吗？为什么不管！我这套新衣服漂亮无比，只有我才配穿；穿上，我就越显得尊严，越显得高贵：你们不是都这样说吗？这群没眼睛的浑蛋！以后我要永远穿这一套！谁故意说坏话就是坏蛋，就是反叛，立刻逮来，杀！就，就，就这样。赶紧去，宣布，这就是法律，最新的法律。"

大臣们不敢怠慢，立刻命令手下的人吹号筒，召集人民，用最严厉的声调把新法律宣布了。果然，说笑声随着停止了。皇帝这才觉很安慰，又开始往前走。

可是刚走出不远，说笑声很快地由细微变得响亮起来。

"哈哈，皇帝没……"

"哈哈，皮肤真黑……"

"哈哈，看肋骨一根根……"

"他妈的！从来没有的新……"

皇帝再也忍不住了，脸气得一块黄一块紫，冲着大臣们喊："听见吗？"

"听见了，"大臣们哆嗦着回答。

"忘了刚宣布的法律啦?"

"没,没……"大臣们来不及说完,就转过身来命令兵士,"把所有说笑的人都抓来!"

街上一阵大乱。兵士跑来跑去,像圈野马一个样,用长枪拦截逃跑的人。人们往四面逃散,有的摔倒了,有的从旁人的肩上窜出去。哭的,叫的,简直乱成一片。结果捉住了四五十个人,有妇女,也有小孩子。皇帝命令就地正法,为的是叫人们知道他的话是说一不二,将来没有人再敢犯那新法律。

从此以后,皇帝当然不能再穿别的衣服。上朝的时候,回到后宫的时候,他总是赤裸着身体,还常常用手摸摸这,摸摸那,算作整理衣服的皱纹。他的妃子和侍臣们呢,本来也忍不住要笑的;日子多了,就练成一种本领,看到他黑瘦的身体,看到他装模作样,也装得若无其事,不但不笑,反倒像也相信他是穿着衣服的。在妃子和侍臣们,这种本领是非有不可的;如果没有,那就不要说地位,简直连性命也难保了。

可是天地间什么事儿都难免例外,也有因为偶尔不小心就倒了霉的。

一个是最受皇帝宠爱的妃子。一天,她陪着皇帝喝酒,为了讨皇帝的欢喜,斟满一杯鲜红的葡萄酒送到皇帝嘴边,一面撒娇说:"愿您一口喝下去,祝您寿命跟天地一样长久!"

皇帝非常高兴,嘴张开,就一口喝下去。也许喝得太急了,一声咳嗽,喷出很多酒,落在胸膛上。

"啊呀!把胸膛弄脏了!"

"什么?胸膛!"

妃子立刻醒悟了,粉红色的脸变成灰色,颤颤抖抖地说:"不,不是,是衣服脏了……"

"改口也没有用！说我没穿衣服，好！你愚笨，你不忠心，你犯法了！"皇帝很气愤，回头吩咐侍臣："把她送到行刑官那里去！"

又一个是很有学问的大臣。他虽然也勉强随着同伴练习那种本领，可是一看见皇帝一丝不挂地坐在宝座上，就觉得像只剃去了毛的猴子。他总怕什么时候不小心，笑一声或说错一句话，丢了性命。所以他假说要回去侍奉年老的母亲，向皇帝辞职。

皇帝说："这是你的孝心，很好，我准许你辞职。"

大臣谢了皇帝，转身下殿，好像肩上摘去五十斤重的大枷，心里非常痛快，不觉自言自语地说："这回可好了，再不用看不穿衣服的皇帝了。"

皇帝听见仿佛有"衣服"两个字，就问下面伺候的臣子："他说什么啦？"

臣子看看皇帝的脸色，很严厉，不敢撒谎，就照实说了。

皇帝的怒气像一团火喷出来，"好！原来你不愿意看见我，才想回去。——那你就永远也不用想回去了！"他立刻吩咐侍臣："把他送到行刑官那里去。"

经过这两件事以后，无论在朝廷或后宫，人们都更加谨慎了。

可是一般人民没有妃子和群臣那样的本领，每逢皇帝出来，看到他那装模作样的神气，看到他那干柴一样的身体，就忍不住要指点，要议论，要笑。结果就引起残酷的杀戮。皇帝祭天的那一回，被杀的有三百多人；大阅兵的那一回，被杀的有五百多人；巡行京城的那一回，因为经过的街道多，说笑的人更多，被杀的竟有一千多人。

人死得太多，太惨，一个慈心的老年大臣非常不忍，就想设法阻止。他知道皇帝是向来不肯认错的；你要说他错，他越说不错，结果还是你自己吃亏。妥当的办法是让皇帝自愿地穿上衣服；能够这样，说笑没有了，杀戮的事儿自然也就没有了。他一连几夜没睡觉，想怎么样才能让皇帝自愿地穿上衣服。

办法算是想出来了。那老臣就去朝见皇帝，说："我有个最忠心的意思，愿意告诉皇帝。您向来喜欢新衣服，这非常对。新衣服穿在身上，小到一个纽扣都放光，您就更显得尊严，更显得荣耀。可是近来没见您做新衣服，总是国家的事儿多，所以忘了吧？您身上的一套有点儿旧了，还是叫缝工另做一套，赶紧换上吧！"

"旧了？"皇帝看看自己的胸膛和大腿，又用手上上下下摸一摸，"没有的事！这是一套神奇的衣服，永远不会旧。我要永远穿这一套，你没听见我说过吗？你让我换一套，是想叫我难看，叫我倒霉。看你向来还不错，年纪又大了，不杀你；去住监狱去吧！"

那老臣算是白抹一鼻子灰，杀人的事儿还是一点儿也没减少。并且，皇帝因为说笑总不能断，心里很烦恼，就又规定一条更严厉的法律。这条法律是这样：凡是皇帝经过的时候，人民一律不准出声音；出声音，不管说的是什么，立刻捉住，杀。

这条法律宣布以后，一般老成人觉得这太过分了。他们说，讥笑治罪固然可以，怎么小声说说别的事儿也算犯罪，也要杀死呢？大伙就聚集到一起，排成队，走到皇宫前，跪在地上，说有事要见皇帝。

皇帝出来了，脸上有点儿惊慌，却装作镇静，大声喊："你们来干什么！难道要造反吗？"

老成人头都不敢抬，连声说："不敢，不敢。皇帝说的那样的话，我们做梦也不敢想。"

皇帝这才放下心，样子也立刻显得威严高贵了。他用手摸摸其实并没有的衣襟，又问："那么你们来做什么呢？"

"我们请求皇帝，给我们言论的自由，给我们嬉笑的自由。那些

胆敢说皇帝笑皇帝的，确是罪大恶极，该死，杀了一点儿不冤枉。可是我们决不那样，我们只要言论自由，只要嬉笑自由。请皇帝把新定的法律废了吧！"

皇帝笑了笑，说："自由是你们的东西吗？你们要自由，就不要做我的人民；做我的人民，就得遵守我的法律。我的法律是铁的法律。废了？吓，哪有这样的事！"他说完，就转过身走进去。

老成人不敢再说什么。过了一会儿，有几个人略微抬起头来看看，原来皇帝早已走了；没有办法，大家只好回去。从此以后，大家就变了主意，只要皇帝一出来，就都关上大门坐在家里，谁也不再出去看。

有一天，皇帝带着许多臣子和护卫的兵士到离宫去。经过的街道，空空洞洞的，没有一个人；家家的门都关着。大街上只有嚓、嚓、嚓的脚步声，像夜里偷偷地行军一个样。

可是皇帝还是疑心，他忽然站住，歪着头细听。人家的墙里好像有声音，他严厉地向大臣们喊："没听见吗？"

大臣们也立刻歪着头细听，赶紧瑟缩地回答：

"听见啦，是小孩子哭。"

"还有，是一个女人唱歌。"

"有笑的声音——像是喝醉了。"

皇帝的怒火又爆发了，他大声向大臣们吆喝："一群没用的东西，忘了我的法律啦？"

大臣们连声答应几个"是"，转过身就命令兵士，把里面有声音的门都打开，不论男女，不论老小，都抓出来，杀。

没想到的事儿发生了。兵士打开很多家大门，闯进去捉人；这许多家的男男女女，老老小小就一齐拥出来。他们不向四外逃，却一齐扑到皇帝跟前，伸手撕皇帝的肉，嘴里大声喊："撕掉你的空虚的衣裳!""撕掉你的空虚的衣裳!"

这真是从来没见过的又混乱又滑稽的场面。男人的健壮的手拉住皇帝的枯枝般的胳膊,女人的白润的拳头打在皇帝的又黑又瘦的胸膛上,有两个孩子也挤上来,一把就揪住皇帝腋下的黑毛。人围得风雨不透,皇帝东窜西撞,都被挡回来;他又想蹲下,学刺猬,缩成一个球,可是办不到。最不能忍的是腋下痒得难受,他只好用力夹胳膊,可是也办不到。他急得缩脖子,皱眉,掀鼻子,咧嘴,简直难看透了,惹得大家哈哈大笑。

兵士从各家回来,看见皇帝那副倒霉的样子,活像被一群马蜂螫得没办法的猴子,也就忘了他往常的尊严,随着大家哈哈大笑起来。

大臣们呢,起初是有些惊慌的,听见兵士笑了,又偷偷看看皇帝,也忍不住哈哈大笑起来。

笑了一会儿,兵士和大臣们才忽然想到,原来自己也随着人民犯了法。以前人民笑皇帝,自己帮皇帝处罚人民,现在自己也站在人民一边了。看看皇帝,身上红一块紫一块,哆嗦成一团,活像水淋过的鸡,确是好笑。好笑的就该笑,皇帝却不准笑,这不是浑蛋法律吗?想到这里,他们也随着人民大声喊:"撕掉你的空虚的衣裳!撕掉你的空虚的衣裳!"

你猜皇帝怎么样?他看见兵士和大臣们也倒向人民那一边,不再怕他,就像从天上掉下一块大石头砸在头顶上,身体一软就瘫在地上。

1930 年 1 月 20 日发表

书的夜话

年老的店主吹熄了灯，一步一步走上楼梯，预备去睡了。但是店堂里并不就此黑暗，青色的月光射进来，把这里照成个神奇的境界，仿佛立刻会有仙人跑出来似的。

店堂里三面靠墙壁都是书架子，上面站满了各色各样的书。有的纸色洁白，像女孩子的脸；有的转成暗黄，有如老人的皮肤。有的又狭又长，好比我们在哈哈镜里看见的可笑的长人；有的又阔又矮，使你想起那些肠肥脑满的商人。有的封面画着花枝，淡雅得很；有的是乱七八糟的一幅，好像是打仗的场面，又好像是一堆乱纷纷的虫豸。有的脊梁上的金字放出灿烂的光，跟大商店的电灯招牌差不多，吸引着你的视线；有的只有朴素的黑字标明自己的名字，仿佛告诉人家它有充实的内容，无须打扮得花花绿绿的。

这时候静极了，街上没有一点儿声音。月光的脚步向来是没有声响的，它默默地进来，进来，架上的书终于都淋浴在月光中了。这当儿，要是这些书谈一阵话，说说彼此的心情和经历，你想该多好呢？

听，一个温和的声音打破了室内的静寂。

"对面几位新来的朋友，你们才生下来不久吧？看你们颜色这样娇嫩，好像刚从收生婆的浴盆里出来似的。"

开口的是一本中年的蓝面书，说话的声调像一位喜欢问东问西的和善的太太。

"不，我们出生也有二十多年了，"新来的朋友中有一个这样回答。那是一本红面子的精致的书，里面的纸整齐而洁白。"我们一伙儿一共二十四本，自从生了下来，就一同住在一家人家，没有分离过。最近才来到这个新地方。"

"那家人家很爱你们吧？"蓝面书又问，它只怕谈话就此截止。

"当然很爱我们，"红面书高兴地说，"那家人家的主人很有趣，凡是咱们的同伴他都爱，都要收罗到他家里。他家里的藏书室比这里大多了，可是咱们的同伴挤得满满的，没有一点儿空地方。书橱全是贵重的木料做的，有玻璃门，又有木门，可以轮替装卸。木门上刻着我们的名字，都是当今第一流大书法家的手笔。我们住在里面，舒服，光荣，真是无比的高等生活。像这里的书架子，又破又脏，老实说，我从来不曾见过。可是现在也得挤在这里，唉，我们倒霉了！"

蓝面书不觉跟着伤感起来，叹息道："世间的事情，往往就这样料想不到。"

"不过，二十多年的优越生活也享受得够了。"红面书到底年纪轻，能自己把伤感的心情排遣开，又回忆起从前的快乐来。"那主人得到我们的时候，心头充满着喜悦。他脸上露出十二分得意的神色，告诉他的每一个朋友说，'我又得到了一种很好的书！'他的声调既郑重，又充满着惊喜，可见我们的价值比珍宝还要贵重。每得到一种咱们的同伴，他总是这样。这是他的好处，他懂得待人接物应该平等。他把我们摆在贵重木料做的书橱里，从此再也不来碰我们——我们最安适的就是这一点。他每天在书橱外面看我们一回，从这边看到那边，脸上当然带着微笑，有时候还点点头，好像说：'你们好！'客人来了，他总不会忘记了说：'看看我的藏书吧。'朋

友们于是跟他走进藏书室，像走进了宝库一样赞叹道：'好多的藏书啊！'他就谦逊道：'没有什么，不过一点点。可都是很好的书呢！'在许多的客人面前受这样的赞扬，我们觉得异常光荣。这二十多年的生活呀，舒服，光荣，我们真享受得够了！"

"那么你们为什么离开了他呢？"这个问题在蓝面书的喉咙口等候多时了。

"他破产了！不知道为什么。我们只见他忽然变了样子，眉头皱紧，没有一丝儿笑意，时而搔头皮，时而唉声叹气。收买旧货的人有十几个，历乱地在他家里各处翻看，其中一个就把我们送到这里来了。不知道许多同伴怎样了。也许他们迟来几天，在这里，我们将会跟他们重新相聚。"

"这才有趣呢。你们来到这里，因为主人破了产；而我们来到这里，却因为主人发了财。"

说话的是一本紫面金绘的书。这本书虽然不破，但是沾了好些墨迹和尘土，可见它以前的处境未必怎么好，也不过是又破又脏的书架子罢了。它的语调带着滑稽的意味，好像游戏场里涂白了鼻子引人发笑的角色。

"为什么呢？"蓝面书动了好奇心，禁不住问。

"发了财还会把你丢了！"红面书也有点不相信。"像我们从前的主人，假如不破产，他是永远不肯放弃我们的。"

"哈哈，你们不知道。我的旧主人为了穷，才需要我和我的同伴。等到发了财，他的愿望已经达到，我们对他还有什么用呢？他的经历很好玩。你们喜欢听，我就说给你们听听。反正睡不着，今晚的月光太好了。"

"我感谢你。"蓝面书激动地说，"近来我每晚失眠，谁跟我说个话儿，解解我的寂寞，我都感谢。何况你说的一定是很有趣的。"

"那么我就说。他是个要看书而没有书的人，又是个要看书而不看书的人。怎么说呢？他本来很穷，见到书铺子里满屋子的书，书里有各种的学问，他想：如果能从这些学问中间吸取一部分，只消最小最小的一部分，至少可以把自己的处境改善一点儿吧。但是他买不起书。那时候，他是要看书而没有书。后来，他好容易攒了一点儿钱，抱着很大的热心跑到书铺子里，买了几种他最想望的书。他看得真用心，把书里最微细的错误笔画都一一校出来了。靠他的聪明，他有了新的发现。他以为把整本书从头看到尾是很愚蠢的，简捷的办法只消看前头的序文。序文往往把全书的大要都讲明白了，知道了大要，不就是抓住了全书的灵魂吗？以后他买了书就按照他的新发现办，一直到他完全抛弃我们。因为，他的书只有封面玷污了，只有开头几页印上了他的指痕，此外全是干干净净的，只看我就是个榜样。你要是问他做什么，他当然是看书。但是单看一篇序文能算看书吗？所以我说，他要看书而不看书。"

"啊，可笑得很。他的发现哪里说得上聪明！"红面书像爽直的青年一样笑了。

"没有完呢！"紫面书故意用冷冰冰的口气说，"我还没有说到他的发财。你们知道他怎样发了财？他看了好几本书的序文，写了一篇文章，题目是《某某几本书的比较研究和批评》，投给了报馆。过了几天，报上把这篇文章登出来了，背后有主笔的按语，说这篇文章如何如何有意思，非博通各种学问的人是写不出来的。他得到了一笔稿费，这一快活真没法比拟。他想：'这才来了！改善处境的道路已经打开，大步朝前走吧！'于是他继续写文章，材料当然不用愁，有许许多多的书的序文在那里。稿费一笔一笔送到，名誉拍着翅膀跟了来，他渐渐成了不起的人物。学校请他指定学生必读的书，图书馆请他鉴定古版书的真伪。报馆的编辑和演讲会的发起人等候在他的会客室里，

一个说：'给我们写一篇文章吧！'一个说：'给我们作一回演讲吧！'他的回答常常是'没有工夫想。'请求的人于是说：'关于书，你是无所不知的，还用得着想吗？你的脑子犹如大海，你只要舀出一勺来，我们就像得到了最滋补的饮料了。'他迟疑再三，算是勉强答应下来。请求的人就飞一般回去，在报上刊登预告，把他的名字写得饭碗一样大，还加上'读书大家''博览群书'一类的字眼。有一天，他忽然想到计算他的财产。'啊，成了富翁了吗！'他半信半疑地喊了出来。他拧了一下自己的大腿，感觉到痛，知道并非在梦中。他就想自己已经成了富翁，何必再去看那些序文呢？可做的事情不是多着吗？他招了个旧货商来，把所有的书都卖了，从此他完全丢开我们了。现在，他已经开了个什么公司在那里。"

"原来是这样！"蓝面书自言自语，它听得出了神。

"在运走的时候，我从车上摔了下来。我躺在街头，招呼同伴们快来扶我。他们一个也没听见，好像前途有什么好境遇等着他们，心早已不在身上了。后来一个苦孩子把我捡起来，送到了这里。"紫面书停顿一下，冷笑说："我心里很平静，不巴望有什么好境遇，只要能碰到一个真要看我的主人，我就心满意足了。"

"真要看书的主人，算我遇到得最多。然而也没有什么意思。"说这话的是一本破书，没有封面，前后都脱落了好些页，纸色转成灰黑，字迹若有若无。它的声音枯涩，又夹杂着咳嗽，很不容易听清楚。

红面书顺着破书的意思说："老让主人看确乎没有意思，时时刻刻被翻来翻去，那种疲劳怎么受得了。老公公，看你这样衰弱，大概给主人们翻得太厉害了。像我以前，主人从不碰我，那才安逸呢。"

"不是这个意思，"破书摇摇头，又咳嗽起来。

"那倒要听听，老公公是什么意思。"紫面书追问一句。它心里当然不大佩服，以为书总是让人看的，有人看还说没意思，那么书的种族也无妨毁掉了。

"你们知道我多大年纪？"破书倚老卖老地问。

"在这里没有一个及得上你，这是可以肯定的。你是我们的老前辈。"蓝面书抢出来献殷勤。

"除掉零头不算，我已经三千岁了。"

"啊，三千岁！古老的前辈！咱们的光荣！"许多静静听着没开过口的书也情不自禁地喊出来。

"这并不稀奇，我不过出生在前罢了，除了这一点，还不是同你们一个样？"破书等大家安静下来，才继续往下说："在这三千多年里头，我遇到的主人不下一百三十个。可是你们要知道，我流落到旧书铺里，现在还是第一次呢。以前是由第一个主人传给第二个，第二个又传给第三个，一直传了一百几十回。他们的关系是师生：老师传授，学生承受。老师干的就是依据着我教，学生干的就是依据着我学。传到第一二十代，学起来渐渐难了，等到明白个大概，可以教学生了，往往已经是白发老翁。再往后，当然也不会变得容易一些。他们传授的越来越少了，在这个人手里掉了三页，在那个人手里丢了五页，直把我弄成现在这副寒酸的样子。"

"老公公，你不用烦恼，"蓝面书怕老人家伤心，赶紧安慰他，"凡是古老的东西总是破碎不全的。破碎不全，才显得古色古香呢。"

"破碎不全倒也没有什么，"破书的回答出于蓝面书的意料，"我只为我的许多主人伤心。他们依据着我耗尽心力学，学成了，就去教学生。学生又依据着我耗尽心力学，学成了，又去教学生。我被他们吃进去，吐出来，是一代；再吃进去，再吐出来，又是一代。除了吃和吐，他们没干别的事。我想，一个人总得对世间做一点儿

事。世间固然像大海，可是每个人应该给大海添上自己的一勺水。我的许多主人都过去了，不能回来了，他们的一勺水在哪里呢！如果没有我，不把吃下去吐出来耗尽了他们的一生，他们也许能干点儿事吧。我为他们伤心，同时恨我自己。现在流落到旧书铺里，我一点儿不悲哀。假若明天落到了垃圾桶里，我觉得也是分所应得。"

"老公公说得不错。要看书的也不可一概而论。像老公公遇见的那许多主人，他们太要看书，只知道看书，简直是书痴了，当然没有什么意思。"紫面书十分佩服地说。

月光不知在什么时候默默地溜走了。黑暗中，破书又发出一声伤悼它许多主人的叹息。

"鸟言兽语"

一只麻雀和一只松鼠在一棵柏树上遇见了。

松鼠说："麻雀哥，有什么新闻吗？"

麻雀点点头说："有，有，有。新近听说，人类瞧不起咱们，说咱们不配像他们一样张嘴说话，发表意见。"

"这怎么说的？"松鼠把眼睛眯得挺小，显然正在仔细想，"咱们明明能够张嘴说话，发表意见，怎么说咱们不配？"

麻雀说："我说得太简单了。人类的意思是他们的说话高贵，咱们的说话下贱，差得太远，不能相比。他们的说话值得写在书上，刻在碑上，或者用播音机播送出去。咱们的说话可不配。"

"你这新闻从哪儿来的？"

"从一个教育家那里。昨天我飞出去玩，飞到那个教育家屋檐前，看见他正在低头写文章。看他的题目，中间有'鸟言兽语'几个字，我就注意了。他怎么说起咱们的事情呢？不由得看下去，原来他在议论人类的小学教科书。他说一般小学教科书往往记载着'鸟言兽语'，让小学生跟鸟兽作伴，这怎么行！他又说许多教育家都认为这是人类的堕落，小学生尽念'鸟言兽语'，一定弄得思想不清楚，行为不正当，跟鸟兽没有分别。最后他说小学教科书一定要完全排斥'鸟言兽语'，人类的教育才有转向光明的希望。"

松鼠举起右前腿搔搔下巴，说："咱们说咱们的话，并不打算请

人类写到小学教科书里去。既然写进去了，却又说咱们的说话没有这个资格！要是一般小学生将来真就思想不清楚，行为不正当，还要把责任记在咱们的账上呢。人类真是又糊涂又骄傲的东西！"

"我最生气的是那个教育家不把咱们放在眼里。什么叫'让小学生跟鸟兽作伴，这怎么行'！什么叫'一定弄得思想不清楚，行为不正当，跟鸟兽没有分别'！人类跟咱们作伴，就羞辱了他们吗？咱们的思想就特别不清楚，行为就特别不正当吗？他们的思想就样样清楚，行为就件件正当吗？"麻雀说到这里，胸脯挺得高高的，像下雪的时候对着雪花生气那个样儿。

松鼠天生是聪明的，它带着笑容安慰麻雀说："你何必生气？他们不把咱们放在眼里，咱们可以还敬他们，也不把他们放在眼里。什么事儿都得切实考察，才能够长进知识，增多经验。我现在想要考察的是人类的说话是不是像他们想的那么高贵，究竟跟咱们的'鸟言兽语'有怎样的差别。"

"只怕比咱们的'鸟言兽语'还要下贱，还要没有价值呢！"麻雀还是那么气愤愤的。

"麻雀哥，你这个话未免武断了。评论一件事儿，没找到凭据就下判断叫作武断。武断是不妥当的，我希望你不要这样。咱们要找凭据，最好是到人类住的地方去考察一番。"

"去，去，去，"麻雀拍拍翅膀，准备起程，"我希望此去找到许多凭据，根据这些凭据，咱们在咱们的小学教科书里写，世间最下贱最没价值的是'人言人语'，咱们鸟兽说话万不可像人类那样！"

"你的气还是消不了吗？好，咱们起程吧。你在空中飞，我在树上地下连跑带跳，咱们的快慢可以差不多。"

麻雀和松鼠立刻起程，经过密密簇簇的森林，经过黄黄绿绿的郊野，到了人类聚集的都市，停在一座三层楼的屋檐上。

都市的街道上挤着大群的人，只看见头发蓬松的脑袋汇合成一片慢慢前进的波浪，也数不清人数有多少。走几步，这些人就举起空空的两只手，大声喊："我们有手，我们要工作！"一会儿又拍着瘪瘪的肚皮，大声喊："我们有肚子，我们要吃饭！"全体的喊声融合成一个声音，非常响亮。

听了一会儿，松鼠回头跟麻雀说："这两句'人言人语'并不错呀。有手就得工作，有肚子就得吃饭，这不是顶简单顶明白的道理吗？"

麻雀点点头，正要说话，忽然看见下边街道上起了骚动。几十个穿一样衣服的人从前边跑来，手里拿着白色短木棍，腰里别着黑亮的枪，到大群人的跟前就散开，举起短木棍乱摇乱打，想把大群人赶散。可是那大群人并没散开，反倒挤得更紧了，脑袋汇合成的波浪晃荡了几下，照样慢慢地前进。

"我们有手，我们要工作！"

"我们有肚子，我们要吃饭！"

手拿短木棍的人们生气了，大声叫："不许喊！你们是什么东西，敢乱喊！再像狗一样乱汪汪，乌鸦一样乱聒噪，我们就不客气了！"

麻雀用翅膀推松鼠一下，说："你听，你刚才认为并不错的两句'人言人语'，那些拿短木棍的人却认为'鸟言兽语'，不准他们说。我想这未必单由于糊涂和骄傲，大概还有别的道理。"

松鼠连声说："一定还有别的道理，一定还有别的道理，只是咱们一时还闹不清楚。不过有一桩，我已经明白了：人类把自己不爱听的话都认为'鸟言兽语'，狗汪汪啦，乌鸦聒噪啦，此外大概还有种种的说法。"

麻雀说："他们的小学教科书排斥'鸟言兽语'，想来就为的这

一点。"

松鼠和麻雀谈谈说说，下边街道上的大群人渐渐走远了。远远地看着，短木棍还是迎着他们的面乱摇乱打，可是他们照样挤在一块儿，连续不断地发出喊声。又过了一会儿，他们拐到左边街上去，人看不见了，喊声也不像刚才那么震耳了。松鼠拍拍麻雀的后背，说："咱们换个地方看看吧。"

"好，"麻雀不等松鼠说完，张开翅膀就飞。松鼠紧紧跟着麻雀的后影，在接接连连的屋顶上跑，也很方便。

大约赶了半天路程，它们到了个地方。一个大广场上排着无数军队，有步队，有马队，有炮队，有飞机，有坦克，队伍整齐得很，由远处看，像是很多大方块儿，刚用一把大刀切过似的。这些队伍都面对着一座铜像。那铜像铸的是一个骑马的人，头戴军盔，两撇胡子往上撇着，真是一副不可一世的气概。

麻雀说："这里是什么玩意儿？咱们看看吧。"它说着，就落在那铜像的军盔上。松鼠一纵，也跳上去，藏在右边那撇胡子上，它还顺着胡子的方向把尾巴撇起来。这么一来，从下边往上看，就只觉那铜像在刮胡子的时候少刮了一刀。

忽然军鼓打起来了，军号吹起来了，所有的军士都举手行礼。一个人走上铜像下边的台阶，高高的颧骨，犀牛嘴，两颗突出的圆滚滚的眼珠。他走到铜像跟前站住，转过来，脸对着所有的军士，就开始演说。个个声音都像从肚肠里迸出来的，消散在空中，像一个个炸开的爆竹。

"咱们的敌人是世界上最野蛮的民族，咱们要用咱们的文明去制服他们！用咱们的快枪，用咱们的重炮，用咱们的飞机，用咱们的坦克，叫他们服服帖帖地跪在咱们脚底下！他们也敢说什么抵抗，说什么保护自己的国土，真是猪的乱哼哼，鸭子的乱叫唤！今天你们出发，要拿出你们文明人的力量来，教那批野蛮人再也不敢乱哼哼，再也不敢乱叫唤！"

"又是把自己不爱听的话认为'鸟言兽语'了。"松鼠抬起头小声说。

麻雀说："用快枪重炮这些东西，自然是去杀人毁东西，怎么倒说是文明人呢？"

"大约在这位演说家的'人言人语'里头，'文明''野蛮'这些字眼儿的意思跟咱们了解的不一样。"

"照他的意思说，凶狠的狮子和蛮横的鹰要算是最文明的了。可是咱们公认狮子和鹰是最野蛮的东西，因为它们太狠了，把咱们一口就吞下去。"

松鼠冷笑一声说："我如果是人类，一定要说这位演说家说的是'鸟言兽语'了。"

"你看！"麻雀叫松鼠注意，"他们出发了。咱们跟着他们去吧，看他们怎么对付他们说的那些'野蛮人'。"

松鼠吱溜一下子从铜像上爬下来，赶紧跟着军队往前走。后来军队上了渡海的船，松鼠就躲在他们的辎重车里。麻雀呢，有时落在船桅上，有时飞到辎重车旁边吃点儿东西，跟松鼠谈谈，一同欣赏海天的景色，彼此都不寂寞。

几天以后，军队上了岸，那就是"野蛮人"的地方了。麻雀和松鼠到四外看看，同样的山野，同样的城市，同样的人民，看不出野蛮在哪里。它们就离开军队，往前进行，不久就到了一个大广场。场上也排着军队。看军士手里，有的拿着一支长矛，有的抱着一杆破后膛枪，大炮一尊也没有，飞机坦克更不用说了。

"麻雀哥，我明白了。"

"你明白什么了？"

松鼠用它的尖嘴指着那些军队说："像这批人没有快枪、大炮、飞机、坦克等等东西，就叫'野蛮'。有这些东西的，像带咱们来的那批人，就叫'文明'。"

麻雀正想说什么，看见一个人走到军队前边来，黑黑的络腮胡子，高高的个子，两只眼睛射出愤怒的光。他提高嗓子，对军队作下面的演说：

"现在敌人的军队到咱们的土地上来了！他们要杀咱们，抢咱们，简直比强盗还不如！咱们只有一条路，就是给他们一个强烈的抵抗！"

"给他们一个强烈的抵抗！"军士齐声呼喊，手里的长矛和破后膛枪都举起来，在空中摆动。

"哪怕只剩最后一滴血，咱们还是要抵抗，不抵抗就得等着死！"

麻雀听了很感动，眼睛里泪汪汪的。它说："我如果是人类，凭良心说，这里的人说的才是'人言人语'呢。"

但是松鼠又冷笑了。"你不记得前回那位演说家的话吗？照他说，这里的人说的全是猪的乱哼哼，鸭子的乱叫唤呢。"

麻雀沉思了一会儿，说："我现在才相信'人言人语'并不完全下贱，没有价值。我当初以为'人言人语'总不如咱们的'鸟言兽语'，你说我武断，的确不错，这是武断。"

"我看人类可以分成两批，一批人说的有道理，另一批人说的完全没道理。他们虽然都自以为'人言人语'，实在不能一概而论。咱们的'鸟言兽语'可不同，咱们大家按道理说话，一是一，二是二，一点儿没有错儿。'人言人语'跟'鸟言兽语'的差别就在这个地方。"

嗡——嗡——嗡——

天空有鹰一样的一个黑影飞来。场上的军士立刻散开，分成许多小队，往四外的树林里躲。那黑影越近越大，原来是一架飞机，在空中绕了几个圈子，就扔下一颗银灰色的东西来。

轰！

随着这惊天动地的声音，树干、人体、泥土一齐飞起来，像平地起了个大旋风。

麻雀吓得气都喘不过来，张开翅膀拼命地飞，直飞到海边才停住。用鼻子闻闻，空气里好像还有火药的气味。

松鼠比较镇静一点儿。它从血肉模糊的许多尸体上跑过，一路上遇见许多逃难的人民，牵着牛羊，抱着孩子，挑着零星的日用东西，只是寻不着它的朋友。它心里想："怕麻雀哥也成为血肉模糊的尸体了！"

1936 年 1 月 10 日发表